U0683236

多元视域下的
中国工业文化

郑 慧 尹晓琳 张 闯◎著

中国文联出版社
http://www.clapnet.cn

图书在版编目（CIP）数据

多元视域下的中国工业文化／郑慧，尹晓琳，张闯
著 . —北京：中国文联出版社，2018.11
ISBN 978－7－5190－4045－1

Ⅰ. ①多… Ⅱ. ①郑… ②尹… ③张… Ⅲ. ①工业－
文化研究－中国 Ⅳ. ①F42

中国版本图书馆 CIP 数据核字（2018）第 271978 号

多元视域下的中国工业文化

作　　者：郑　慧　尹晓琳　张　闯

出 版 人：朱　庆
终 审 人：朱彦玲　　　　　　　　复 审 人：王　军
责任编辑：刘　旭　　　　　　　　责任校对：傅泉泽
封面设计：人文在线　　　　　　　责任印制：陈　晨

出版发行：中国文联出版社
地　　址：北京市朝阳区农展馆南里 10 号，100125
电　　话：010－85923043（咨询）85923000（编务）85923020（邮购）
传　　真：010－85923000（总编室），010－85923020（发行部）
网　　址：http：//www.clapnet.cn　　　http：//www.claplus.cn
E－mail：clap@clapnet.cn　　　liux@clapnet.cn

印　　刷：北京市金星印务有限公司
装　　订：北京市金星印务有限公司
法律顾问：北京市德鸿律师事务所王振勇律师
本书如有破损、缺页、装订错误，请与本社联系调换

开　　本：710×1000　　　　　　　1/16
字　　数：133 千字　　　　　　　　印　　张：10.25
版　　次：2019 年 3 月第 1 版　　　印　　次：2019 年 3 月第 1 次印刷
书　　号：ISBN 978－7－5190－4045－1
定　　价：40.00 元

目录
CONTENTS

绪论　工业文化的基本理论和价值

　　工业文化是一门典型的交叉学科，它横跨工业和文化两个领域，并形成自己独特的内涵与魅力，从而催生出一门崭新的学科。之所以说它是一门崭新的学科，是因为它不是简单的"工业＋文化"的拼凑，也不是生拉硬扯地乱点工业与文化的"鸳鸯谱"，而是在工业和文化深度跨界融合之后，衍生出的新理念、新思维、新模式、新方法。研究工业文化，对处于提质增效、转型升级中的中国工业来说，必将开辟一个崭新的学科领域。

　　随着人类社会在工业化进程中不断发展，源源不断的物质成果得以积累，在这些物质成果形成的同时，也伴随着精神财富的产生。人类社会在工业发展过程中产生的物质文化和精神文化的总和，体现了人类社会的一种文化现象，我们可以将之概括为工业文化。工业文化与工业生产活动相伴而生，与工业化过程相伴而存，它对工业生产和社会发展起到了重要的引导作用。

　　当前，中国经济发展进入新常态，工业发展在探索新型工业化发展道路、加快转型升级步伐的过程中推动着工业文化的逐渐形成。工业文化对一个国家的发展至关重要，它对一个国家工业竞争力的衡量，已经不仅局限于工业生产、技术创新等生产力的层面，也是衡量国家工业竞争力的重要标志之一。工业文化能够从更深的层面，多角度地反映工业生产的发展情况，体现了社会生产力的发展方向，有力地推动着社会生产的发展。2014 年 6 月，"工业文化发展中心"作为工业和信息化部直属事业单位在北京获批成立，这是我国深入研究工业文化的一个重要信号。

工业文化起源于 18 世纪的英国工业革命，之后由于各个国家的工业发展情况千差万别，所以工业文化所涉及的领域十分广泛，内涵也十分丰富。

一、工业文化的内涵

人类进行工业化活动，不仅改变着物质世界，也在产品生产中物化自己，将人类的文明融入工业发展的进程之中。工业文化体现在物质、行动、制度和精神之中，这些是工业文化的载体，也是工业文化展现、表达、传递、影响和接受的基础。因而，工业文化体现在人的工业活动的物质领域、制度领域和精神领域中，在物质生产基础上不断发展、扩大。人们依靠这些载体来表达工业价值观念，互相沟通，延续工业活动所积累的知识和态度。

工业文化是人类工业生产活动过程中衍生或创造出来的，通过工业生产活动反映出来的文化，是人在工业生产活动中实现自身发展与完善的动力。工业文化随着工业的发展不断变化，它是一定的社会和时代的产物，也是一份社会文化遗产。它在产生、发展、传承和创新的过程中具有一定的独立性和稳定性，同时又是一个连续不断的积累、传承、创新和发展的过程。从一个国家和民族的角度来看，文化既需要保持自身的发展特色，又需要不断地吸收外来文化来壮大自己。工业文化就是在社会的变化运动中不断发展，以新发现、新发明、新技术、新产业为变异的源泉，在新技术、新概念得到推广的过程中逐步形成的新的文化。同时，工业文化的这种变化又是在继承自身文化基础的前提下进行的。只有不断地总结生产活动的经验、制度，工业文化才能逐步地向前进化、发展。

从时间维度上来说，工业文化在量上积累和延续，在质上变异与区分，进行着"发生、发展、成熟、衰亡、复兴、重构、再生"的质与量的矛盾统一的过程。只有创新，才能创造工业文化，才能适应一浪接着一浪的科技革命和产业变革。创新能够提升工业生产的效率，提升工业产品的质量，增强新技术、新产品的供给能力。创新行为的出现，可能会产生模仿，模仿的结果是获得更多的利益，久而久之，就形成习惯，最终成为一种文化。工业文化是人类工业生产活动过程中创造出来的社会性产物，社会全体成员应当共同接受和遵守。

工业文化在不同的自然、历史和社会条件下形成了不同的工业文化种类和模式，呈现出丰富的多样性，成为工业文化交流、变革和创新的源泉。工业文化虽然呈现出不同工业群体的不同文化特点，但不会因为某个工业群体而分离或者变样，而是以隐形的方式存储于特定的社会群体与组织当中，以工业价值观为核心，以劳动者的行为方式为外在表现，成为一定的社会群体与组织的共同价值观。工业文化具有普适性，这种特性要求工业文化不会因种族、民族、地域、时代的不同而有所区别，而是全人类共有的财富。工业文化的普适性可以理解为文化观念上的某种趋同或文化现象上的某种类似。当下，高科技迅速普及，经济全球化进程加快，各个国家生活的差距逐渐缩小，世界大工业文化更加趋同。工业文化发源和生存的空间与一定的地理生态环境、社会发展环境和工业科技条件相关联，在一定的空间内扩散和传播，被一定地域的人们所创造和沿用。

二、工业文化的价值

工业文化是内化于人的心理之中，进而形成的价值观念。工业文化的内部要素具有多样性与整体性，其内部各要素的某种独立性及其之间的关联性十分突出，体现了工业文化的系统性。系统性影响工业文化各类现象的发生、发展和演变，以系统性为依据，我们可以分析工业文化现象的成因和演变趋势，并挖掘特定工业文化现象的价值。

工业文化总体上呈现了从工业发达地区到工业落后地区的流动，在流动中呈现了典型的地域特征，任何一种工业文化都是由某一具体的国家或地域创造的，体现在工业的物质文化、制度文化和精神文化等不同的层面。工业文化从工业文明中孕育，从工业革命中发展而来，它是客观存在的生产力发展的产物。同时，工业文化的功能主要来自其对生产力以及生产关系的作用，工业文化功能的发挥是工业文化价值的来源。因此，工业文化价值的来源具有客观性，工业文化价值的内容也具有客观性。工业文化的物质层面本身是一种客观存在，工业制度形成之后，也成为一种客观存在发挥着作用。工业文化中的精神文化价值凝结于意识形态领域，工业精神可以通过物质的形式保存下来。

在工业文化流动的过程中，地域性的工业文化逐步走向世界，工业文化流入某个区域，便具有了浓厚的地域性特征。这种相互沟通与相互渗透，往往是以工业强国向工业弱国输出工业文化及其价值观为基础，工业弱国被动接受或者主动学习。地域性的工业文化如果能对世界其他国家的工业文化产生辐射力与影响力，这种工业文化才能被世界各国广泛认同与普遍接受，才会成为一种世界性的工业文化。因此，工业文化以一个整体的系统存在。基于工业基础的共同性和全球化背景下工业的整体性，不同地域间的工业文化相互融合与交流，具有整体性。随着工业的发展、知识的进步，每种文化组合都与它相关的文化组合在一起发挥着作用，工业文化正是在原有的文化基础上发展而来，在已有的工业基础上对新元素的扬弃和发展，使工业文化成为具有相互联系的整体性。

工业文化的价值普遍存在于工业系统的各个领域中。在各个领域多元化的文化中，工业系统普遍认同的某些价值观念、道德规范和行为准则，具有超越时间和地域的有效约束力。工业文化虽然随着时代工业的发展而发展，具有鲜明的时代特色，但是，在不同时代的工业文化中，包含着一些超越时代的普遍文化价值。工业文化以尊重各个领域的文化传统价值为前提，挖掘不同领域文化中的思想资源，建构用来解决工业发展和社会发展所面临的共同问题的文化体系。

工业文化可以协调和引导技术创新的价值追求和发展方向，促进技术创新的实现。工业文化发挥着信息沟通和交流的作用，形成了一种和谐的创新环境。良好的工业文化不仅能约束人的行为，消解对创新和发展的不利因素，还能够通过鼓励人们采取积极的行动，促进工业的创新和发展。

三、工业文化的范畴

工业文化的内涵十分丰富，涉及的领域也非常广泛，不仅包括人类社会在工业发展过程中不断积累下来的社会物质财富，还包括制度文明、精神文明等非物质财富。在工业文化形成、传播、发展的过程中，工业文化通过物质环境、精神产品、文化活动等不同类型的载体，发挥着引导和保障工业生产活动的作用。

物质文化形态体现在工业产品的制造过程中，包括工业产品设计、生产装备工具、工业生产流水线、生产制造工艺、产品质量控制等工业生产设施的生产过程中。建筑、交通、工艺、美术等产品承载着工业使用过程中的文化表现。在工业产品的制造和使用过程中，工业文化的物质形态得以展现，科学与技术、工艺与文化以工业产品的形式得以体现。

精神文化产品以工业价值观为核心，是工业文化的重要载体。作为工业化的思想基础和精神动力，工业精神包含丰富的人文内涵：合作精神、契约精神、效率观念、质量意识、可持续发展观等。工业精神可以通过描述工业生产的文学、艺术、影视、音乐作品等艺术形式进行宣传。工业博览会是工业文化交流和传播的重要场所，在世界博览会、汽车博览会、机械博览会等种类繁多的工业博览会上，人们通过参观和体验，可以直观地感受到工业文化。工业旅游也是工业文化普及的重要途径，集工业遗产观光、企业考察、生产线参观和休闲旅游于一体的工业旅游，在弘扬工业文化的同时，树立了诸多工业品牌的形象。政府工业部门在一定的社会制度下制定的工业制度和行业标准，对工业文化的发展起到规范作用。企业通过制定自身的发展战略目标、经营理念、核心价值观和行为规范等方式，逐步形成自身的工业文化，通过文化的不断积淀形成良好的企业发展模式。

因此，工业文化的分类也有多种角度：既可以把工业文化简单地分为工业物质文化和工业非物质文化，也可以把工业文化分为工业物质文化、工业制度文化和工业精神文化，还可以在此基础上采用多分法进行分类。无论是从文化性质的角度、产业领域的角度，还是从社会发展的角度、工业主体的角度对工业文化进行分类，都是为了方便我们去理解和研究工业文化。

从文化性质来看，工业物质文化、工业制度文化、工业精神文化是工业文化存在的三种主要形式，也是构成工业文化结构的重要因素，是我们研究的三个重要层面。工业物质文化是构成整个工业文化的基础，它反映着人与自然的物质变换关系，具有很强的时代特点。随着经济的发展和工艺技术的提高，工业物质文化的总体面貌也在不断改变。

工业制度文化反映了工业生产过程中人与人、人与物、人与生产的关系。工业制度文化是人的主观意识根据工业活动所创造出来的规范人的行为模式、调控工业发展矛盾、引导工业良性发展的一系列规则和制度，这种工业制度形成之后，便带有一种客观性而独立存在，规定着工业文化整体的性质。

工业精神文化是人类在工业生产实践中长期育化出来的价值观念，也是工业文化整体的核心部分。工业精神文化中以工业价值观最为重要，通过工业生产活动培养起来的工业价值观决定着工业活动中人们判断是非、选择行为方向和目标的标准。工业精神文化的发展需要一定的物质载体，它所达到的历史水平应该与工业物质文化的发展水平相适应。

研究工业文化，不仅要揭示工业文化与经济发展之间的复杂关系与内在规律，还要在传承优秀传统文化中不断创新，吸收其他国家或其他民族的先进工业文化，弘扬正确的工业价值观和工业精神。

第一章　中国工业制度与工业文化思想

工业文化以工业物质文化、工业制度文化和工业精神文化三种形式存在，工业物质文化制约着工业制度文化和工业精神文化的发展。18 世纪英国工业革命催生了工业文明，也孕育了工业文化，而中国的工业从古代手工业起步，发展至今日，其间不仅经历了表层物质文化的变迁，在制度文化和精神文化层面也一步步地发生着独特的变化。

第一节　中国古代的工业制度与工业文化思想

一、中国工业的发展

中国的文明随着夏、商、周三代社会经济的发展而产生，国家法律以及各项政治制度也都开始建立。由于农业是人类赖以生存和进行再生产的物质基础，所以我国在古代社会就产生了重农的思想。在此基础上，人们对待早期的工业态度也是积极的，因为早期工业生产的多数是人们生产和生活必备的用品，与农业生产类似。因此，夏、商、周时期社会是肯定和重视工业的，有专门技艺的工匠颇受政府的重视甚至优待。周王朝设置"司空"（金文中作"司工"）管理工业，并对社会成员进行了细致的分工，"农不出则乏其食；工不出则乏其事；商不出则三宝绝，虞不出则财匮少……此四者，民所衣食之原也。"① 同时，根据统治的需要，限制了农工商的人身和职业，农奴"死徙无出乡""工商皂隶，不知迁业"。后世历代王朝言必称"三代"，指的就是这个时期形成的"王制""礼法"，在工业方面则表现为重农思想、自然财富观念等。这种思想发展为早期的国家管理和发展经济的法令和制度，并被后世所沿袭，如土贡、官工业、专卖政策等，成为中国古代工业经济思想和政策的滥觞。

春秋战国时期，奴隶制度逐渐瓦解，封建制度逐步建立，劳动力从人身、思想上得到解放，因此，自由的工业经营者开始登上历史的舞台，队伍逐渐壮大。他们对经济、政治等方面的影响也逐渐显现出来，社会各阶层特别是执政者对于工业提出和制定了诸多的思想和政策，如同政治文化界的百家争鸣一般。在春秋时期，各主要国家的统治者基本和三代时期一样，重视工业。齐国由太公始"劝其女功，极技巧，通鱼盐"到管仲帮助齐桓公称霸，也对工业进行具体、细致的管理，比如减免税赋、鼓励生产等，取得了国家富强的大好局面。还有卫国的文公"务材训农，通商惠工"，在一定程度上也复兴了卫国。战国时期，各国的工业几乎都是空前发展，工业的主要行业，如盐、铁、丝麻纺织品三大产业，基本由官府掌握向私营方向发展。究其原因，一是由战国时期的政治局势造成的。当时奴隶制度逐渐瓦解，新兴的地主阶层不断强大，甚至可以左右政治。各国为了安邦兴业，取得民众的支持，就以允许私营的方式拉拢新兴地主和工商阶层。二是工业管理制度的混乱和瓦解。以前是官府统一进行工业生产，有一条完整的工业流程。春秋末期，各国官府已经无法构成一整

---

① 司马迁. 史记·货殖列传 [M]. 北京：中华书局，1982：3255.

套生产的经营网，必须依靠新兴的经济实体，也就是地主阶层。三是由于人口增长、不断的战争和兼并。户籍管理的混乱，按什伍供给铁器，按人口、性别、年龄分配售盐的政策无法实行，以"民"制"民"的经营方式进行产品的生产和分配，可以解决这一难题。

管仲在齐国"工立三族，市立三乡，泽立三虞"，推行了一套区别于周厉王全面垄断山泽的"官山海"政策。他基本上是通过交换方式得来商业利润，而不是国家直接从事生产活动获得利润，在照顾生产者利益的同时，"徼山海之业"，也为国家取得了丰厚的税收。而到了战国时期的秦国，商鞅则采取明确的抑工政策，使工业在秦国不可以自由地发展，而要受到国家的严格控制。他推行提高粮食价格，实行盐铁专卖，重征税收的政策，大大限制了私营工业的活动空间。秦帝国"上农除末"的政策，以沉重的赋税徭役打击了工商业。同时，工商业者的社会地位受到了严重的贬低。

汉随秦制，汉代又变本加厉地以各种形式对工商业者进行人身侮辱。到了汉代，徭役虽然已大为减轻，但政府发布了很多关于工业危害作用的言论。在"重本抑末"思想的指导下，限制着工业活动，主要的工业行业完全由政府垄断，对盐、铁和酒专卖实行禁榷政策。汉代在抑制工商业的同时辅以抑奢政策，因为从供给和需求两方面来看，古代工业所生产出来的产品大多是奢侈品。抑制了奢侈品的消费，也就是关闭了工业生产赖以发展的市场，达到了抑工的目的。面对着近乎消灭手工业和商业的政策，中国古代工业发展的道路可谓举步维艰，甚至动辄有被取缔的危险。由此可见，没有日益提高的消费、日益增多的购买、日益扩大的市场，就不会有商品生产的发展。后来在王莽新政时期，对工业推行了"六管"政策，对盐、铁、酒、名山大泽、五均赊贷、钱布铜冶六项实行国家的统一管理，以国家垄断来抑制私人经营。

当然，汉代的抑制工业不代表工商业就没有新的发展和进步。比如张骞出使西域后，打通了连接亚欧的陆路交通，使得国际贸易开始兴盛；商业的发展，也刺激了工业，特别是丝绸、瓷器的工业化、规模化的发展。

魏晋南北朝时期由于战事频繁，政权更迭，工业成了增加国家财政收入的重要手段。各政权都大力经营官营工商业，对民间工商业则大肆增加税收。盐铁专卖政策到了两晋时期仍然如此，晋室南渡，南朝实行铁器官私并行，以官营为主；食盐以私营为主，后来到陈朝才再实行专卖。北方的铁器主要也由官府掌握；食盐时而专卖，时而开放私营，私营的时间较短。对于酒类，临时禁酒、允许私酿和全部实行专卖等政策在南北方都交替使用过，前后有一些变化。

从上述几个时期中我们可以发现，传统工业思想的实质是国家对工业的垄断，再冠以贤良文学提出的儒家礼义。历代的统治者为了加强专制统治，为了实现对经济生活的控制和支配，制定出了偏向于经济上强调榨取的工业政策。

唐代著名的理财家刘晏开始认识到，国家对于工业活动的干预，不能只是片面地考虑增加国家的财政收入，还应注意工业生产的恢复和发展，注意劳动者生产效率的自我发挥。因此，他制定了一系列有利于当时工业经济发展的政策。例如，他所设立的盐政机构也不止征收盐税、盐利，而是对盐的生产负有经常的检查、督促和技术指导的责任。在轻重政策和工商者的关系方面，他改变过去将工商者作为打击对象的做法，在一定程度上把工商者变成国家推行轻重政策的助手。在推行轻重政策的一些有关活动中，他利用个人对物质利益的兴趣来提高经济活动的效率和质量。刘晏认为，给予劳动者或工作者以一定的物质利益，可以刺激他们提高工作效率和工作质量，有利于实现轻重政策的推行。在刘晏思想的影响下，工业生产各个领域出现了较多的雇佣工资劳动的形式。自唐代开始，我国各地大量出现了各种手工业行会组织。行会是中国古代城市工商业者为保障本行业利益而建立的封建性的组织。行会的出现，以封建社会内部工商业的一定程度的发展为前提，标志着封建经济的重大转折。

专卖制度自汉代建立以后逐代完善，实施专卖的领域越来越广。至宋代，工业经济中几个主要行业的专卖所得收入已占整个财政收入的75%，其中还不包括在矿冶业方面的诸类金属的实物收入。这一时期的专卖收入包括两个方面：一是传统的矿冶业的实物税收，宋代矿冶业主要采取半官营的经营方式，纯粹官营的和纯粹民营的都很少；二是盐、酒、茶三大行业的货币形式的税收。宋盐的专卖制度分为两种方式：一是官运官卖，直接控制生产和流通的利润；二是通商，通过课税来占有盐生产和运销的利润。整个宋代，这两种方式并无定式地交叉着使用。在五代和两宋时期，酒基本上一直坚持专卖，形制完备、办法细密，是中国酒政史上一个非常重要的时期。茶是自唐代开始，至宋已形成十分兴旺的农产品加工行业，茶也成了政府专卖品。

从元代开始，中国古代的工业开始衰落，由于元代政权更迭频繁和相对短暂，有元一代各项工业的发展都是缓慢的。

明代以前中国的商品经济占比要远远高于欧洲资本主义的诸多国家，而明代以后中国工业则呈现出了种种明显的衰落迹象。明代中期产生的资本主义萌芽始终无法茁壮生长，归根结底在于明代推行的抑工政策，为资本主义萌芽的生长设置了重重障碍。例如，市籍制度如同一副枷锁套在了工商业者的身上，而路引制度的推行，更为外出经营工业者设置了一重障碍。明王朝规定，凡远出者必须持有官府发给的路引，"若军民出百里之外。不给引者，军以逃军论，民以私度关津论"。明王朝实施海禁，勒收铜钱，滥发纸钞，不但对工商税征派加重，而且要求城市工业行业者承担铺行火甲的差役。在种种抑制工业政策的影响下，明代的工业受到了严重的制约。和汉代相类似的是，在郑和下西洋的刺激下，"海上丝绸之路"的短暂复兴其实客观上是刺激了工商业的发展的。只是这种刺激发展相比整个帝国的强权政治显得微不足道。

清政府入主中原之后，逐步推行了一系列有利于工业生产恢复和发展的政策，放宽了对手工业者和手工业生产的种种限制，例如，恢复匠籍制度，使手工业者从世袭匠籍制度的束缚下解放出来，获得了自由的身份地位。大大地提高了他们对劳动生产的主动性和积极性，促进了社会生产力和生产关系的发展。废除实物赋税制度，促进了自然经济向商品经济的发展。缩小官办工业规模，改变经营方式。放宽私营工矿业经营范围等诸多工业政策的推行，使工业经济出现一定的复苏。

二、中国古代的工业思想

中国历代工业的发展，工业政策的制定，都是其工业思想的反映。伴随着春秋战国时期私营工商业的迅猛发展，谋利思想潜移默化地在人们的脑海中萌芽，以至于财富的物质力量变得举足轻重。人们甘冒生命的危险以求谋利，谋利是人类一切经济行为的出发点，每一个人都知道应当采取什么最有效的办法来获得最大的利益，都知道应当怎样充分利用自己的主客观条件以收到最大的效果。这就是春秋战国时期人们在经济政治问题上所表现出的思想特征。[①]

在学术思想"百花齐放、百家争鸣"的时代，诸子学说中涉及很多关于工业问题的论述，例如，孟子对社会分工问题有过透彻、深刻的分析，他认为社会分工十分有必要，尤其是工业生产必不可缺的一个分工类别。管仲主张"四民分居定业"。所谓"四民"就是士、农、工、商四种职业，这也是中国历史上第一次根据职业对社会成员进行的分类，同时还主张根据职业划分地区，"定四民之居"，将工

① 刘国良．中国工业史古代卷［M］．南京：江苏科学技术出版社，1990：119.

业与其他三种社会分工同等看待。以"节用"为主张的墨家，从小生产者的经济立场出发，充分肯定了手工业生产中除了奢侈品之外，更重要的是必需品。这些思想都反映了当时人们对工业的重视。

战国时期，工业思想发生了重大的转折，各国统治者从稳定政权、扩大势力的目的出发，各自围绕耕战战略，开始提出"重农抑工"的理论并制定"抑工"的政策。当时活跃在历史舞台上的诸子百家中，法家学派主张以激烈的耕战政策一统天下，儒家学派鼓吹以"仁政"治国，老庄学派消极遁世、主张"无为"，以及捭阖纵横、朝秦暮楚的说客策士，他们已开始产生重视农业、轻视工业的经济思想①。

李悝提出了"重本禁技巧"的言论，可谓重农抑工的先声。商鞅在历史上第一个把农与工放在一起，提出"事本而禁末"，"使商贾技巧无繁"。荀况主张"务本禁末"，把"末"扩大到工商，成为后世重农轻商理论的滥觞。荀况的弟子韩非在历史上第一次把"本末"同工商直接联系起来，明确提出"农本工商末"的概念，以商工之民为"五蠹"之一。这种散在的、零碎的甚至互相矛盾的抑工思想理论，到了汉代才得以定型。

由于商品经济在本质上就与自然经济相对立，工商业同封建地主经济和封建政权之间存在着天然的矛盾，工商业对封建自然经济有着天然的分解作用，汉代的政治家、思想家不断地对工业思想进行着探索，先后发生过两次关于工业思想的大辩论。第一次大辩论发生在汉文帝至汉武帝时期，这次辩论的结果形成轻重论的思想体系，确定了封建国家垄断工商业的理论基础。"重本轻末"的思想可以分为三个部分：轻重之势、轻重之学和轻重之术。轻重之势是关于政府在社会工商经济生活中取得举足轻重的地位，即支配地位的问题；轻重

---

① 刘国良. 中国工业史古代卷 [M]. 南京：江苏科学技术出版社，1990：147.

之学是关于轻重问题的一些学理和规律性认识；轻重之术则是关于实施轻重论的技术或方法的问题。轻重之势包括三个方面：第一个是对广大百姓的轻重之势；第二、第三个则是对"工商蓄贾"和"诸侯"的轻重之势。① 第二次大辩论从汉昭帝始元六年（公元前81年）的盐铁会议开始到桓宽《盐铁论》的成书（即公元前48年至前33年）为止。这次辩论促成了封建主义工业思想向保守的方面转化，成为中国古代工业思想发展中的一个重要转折点。《盐铁论》一书的问世，标志着中国封建社会正统的工业思想的形成。桑弘羊抑制私营工业的思想和贤良文学在盐铁会议上用来反对盐铁专卖的思想观点——贵义贱利、重本抑末、黜奢崇俭等观点，成了中国古代正统工业思想的完整体系。

此外，司马迁对于工业思想也提出过他的观点，他肯定工业的地位和存在的必要性，为私人经营工业的正当性做了积极的辩护，针对轻重论提出"善者因之，其次利道（导）之，其次教诲之，其次整齐之，最下者与之争"的善因论思想。

汉代奠定的传统工业思想实质是国家对工业的垄断，再冠以贤良文学提出的儒家礼义。此后历代封建王朝都以政治统治的加强和经济上的榨取为目的，保持着经济生活中的控制和支配地位。

唐代的理财家刘晏对传统的工业思想做出一些修正，他认识到国家对工业活动的干预，不能只是片面地考虑增加国家的财政收入，还应注意工业生产的恢复和发展，注意劳动者生产效率的自我发挥。刘晏抓住个人对物质利益的兴趣，在工业生产中以徭役劳动、雇佣劳动的方式提高工业生产的效率，促进了经济的发展，也为明清之际资本主义萌芽的产生奠定了基础。

汉代的轻重论虽然到唐代有所改良，但基本仍得到了延续和发

---

① 刘国良. 中国工业史古代卷［M］. 南京：江苏科学技术出版社，1990：216－217.

展，经由宋代王安石和李觏的充实，轻重政策更加完备。然而，宋代的学者叶适冲破汉代以来正统工业思想一统天下的沉闷局面，独树一帜，大胆地对正统工业思想特别是其中重本抑末、贵义轻利等教条进行批判。叶适强调"各私其求"的功利之学，使他必然对封建正统经济思想的重本抑末教条感到格格不入。他列举儒家尊奉的许多种经传，说明古圣贤主张"以国家之力扶持商贾，流通货币"，而不是主张重本抑末。叶适的工业思想就其时代内容来说，是南宋时期商品经济有了进一步发展的反映；就其阶级内容来说，是同工商业有较多联系或经营工商业的人们追求更多私人财富的要求在理论上的反映。这些思想也体现了宋代手工业和商业在蓬勃发展中。汉代贯穿亚欧大陆的"丝绸之路"被张骞开发出来之后，经过战乱和朝代的更替虽然时断时续，但是总体上是持续的、发展的。在商业贸易的刺激下，依托农业的工业化作坊也非常活跃。尤其是瓷器、丝绸、制茶等，到了宋代又进一步发展了"海上丝绸之路"，极大地刺激了工业的繁荣发展。

人心好利的观点是司马迁第一个提出来的。明代的丘浚继承并发扬了人心好利的观点，主张"人人各得其分，人人各遂其愿"。他所谓"分"和"愿"，都是就人们同物质财富的关系而言的。丘浚把司马迁首倡的个人热衷追求私财、私利的观点，同个人与整个社会、国家的利益联系了起来，提出了天下"由乎一人之积"的说法，允许私人追求财利。他把财利方面"各得分愿"看成整个社会国家的最大利益，是平天下的关键，从而形成了一种色彩相当鲜明的资产阶级人性论。在 15 世纪资本主义生产方式的萌芽已经存在的情况下，这种论点正是反映了大小工场主获得更多私人财富的愿望。[1]

随着资本主义萌芽在明清之际的产生，代表资本主义经济利益

---

① 刘国良. 中国工业史古代卷［M］. 南京：江苏科学技术出版社，1990：474.

的工业思想开始产生并发展。黄宗羲是明清之际杰出的启蒙主义思想家，他从正面攻击了"重本抑末"论，提出了资本主义色彩显著的"工商皆本"论。他对"重本抑末"论的批判，是封建时代可能达到的最高限度，远远超过了叶适等人的思想观点。王源是清代较多地研究工商业实际问题的学者。他认为"末不宜轻"，"本宜重，末亦不宜轻"，实际上就是主张本末并重。之前历代反对抑末的思想家并未从积极方面主张重末，而王源则显然是在宣扬重末了。王源重末的思想主要表现在两个方面：一方面是主张提高工商者的社会地位和政治地位；另一方面是主张改革工商税制度，以利于工业的发展。①

　　清代实行严厉的海禁政策，闭关自守，严重地影响了商品经济的发展，成了资本主义萌芽生长缓慢的重要原因之一。蓝鼎元是清代首先起来批判闭关政策的人。在清王朝颁布封关禁海的诏令七年之后（1724年），他写了《论南洋事宜书》，依据确凿的事实，对康熙帝所列举的封关禁海的理由逐条加以反驳。此外，他还从积极方面论证了进行对外贸易会给中国带来的好处。② 一直到1840年的鸦片战争，中国才从封闭的封建制度中被动地走出来，并且被迫走上了工业现代化的道路。同时也开始改变了传统的经济形势，中国的工业才开始起步，并且慢慢地从农业中摆脱出来。

　　虽然在封建社会末期，一些思想家对工业的地位有所看重，提出了一些促进社会工业发展的主张，但是，从总体上来说，我国古代工业基本没有突破重农轻工的主要思想基调。由于政治模式的束缚和中国两千多年的封建思想和传统文化的保守，使得在很长一段时间里，中国的工业化进程仅仅存在于个别一些人士的思想论著中，无法在广阔的中华大地上生根发芽。

---

① 刘国良.中国工业史古代卷［M］.南京：江苏科学技术出版社，1990：578－579.
② 刘国良.中国工业史古代卷［M］.南京：江苏科学技术出版社，1990：579.

第二节　中国近代的工业制度与工业文化思想

中国的近代工业出现于 1840 年鸦片战争以后。中国近代工业化的提出最早应该追溯到 1859 年冬，洪仁玕提出改革内政的治国方案——《资政新篇》。洪仁玕主张在经济上学习西方，发展工商业等，同时也是最早提出在中国发展资本主义方案的中国人。最早在中国领土上出现的近代工业，不是本国的工厂手工业发展起来的，而是由外国资本创办的。

一、中国近代的工业制度

虽然中国封建社会历史悠久，但在鸦片战争以前，中国的手工业发展已经具有业别多、分工细的特点，城市和农村中的小手工业的生产技术日益高超。随着商业资本的日益活跃、集中，资本的活动范围逐步扩大，中国封建经济逐步走向了解体，资本主义生产关系具有发展的可能。外国及其工业移植到中国以后，产生了中国最早的机器工业。因此，中国最初出现的工业生产不是有利于民生的日用品的商品生产，而是用于镇压人民的军需品的生产。这种工业生产是官办工业，不是由商业资本家或其他人创办的民营工业。因此，中国工业的发展经历了由军事工业到民用工业，从官办到官督商办以至完全商办的历程。

随着中国封建经济的逐步解体，外国资本主义的日益活跃，中国资产阶级开始产生并逐步成长。从此，资本主义政治和经济思想及价值观念在中国逐步地成长，资本主义工业思想随着中国近代工业经济的壮大而不断发展。由于中国近代的新式工业是从西方移植来的，国内的自然经济和思想意识并不利于中国新式工业的发展，而新式工业本身还需要大量的原始积累和为资本增值而奔走的工业经济组织者和企业管理者，这就使得中国近代工业的发展举步维艰。

（一）晚清时期的工业发展

在中国近代资本主义发展艰难坎坷的历史条件下，中国封建地主阶级官僚中，有些人主张采用西方资本主义国家的一些技术，开展"洋务运动"，推动了中国向现代化迈进的第一步。洋务派的主要人物包括奕䜣、曾国藩、左宗棠、张之洞、李鸿章等人，其中奕䜣只是名义上的负责人，并未在办洋务中参加兴办近代工业的活动，曾国藩参与"洋务运动"不久后就离世，左宗棠在主持洋务工业中成绩不佳，张之洞势力崛起时"洋务运动"已经临近尾声，他主张"权利分离论"，坚持政府对工业的支配权。"权利分离论"是中国资本主义工业有所发展，资产阶级从利益的追求，进一步发展到对政治和权力要求的情况下皇权专制政治的产物①。李鸿章1860年驻师上海，历任江苏巡抚、两江总督、湖广总督，最后任直隶总督兼北洋通商大臣，在这一阶段，中国规模较大的企业几乎都能和李鸿章产生或远或近的联系。所以，李鸿章在"洋务运动"中起到了举足轻重的作用，他的洋务思想可谓是中国近代工业洋务思想的缩影。

李鸿章在19世纪60年代提出了以图"自强"的洋务思想，并创办了中国近代军事工业。李鸿章呼吁中国不能再与世隔绝，必须正视外国的强兵利器，认清时局，他提出了一系列的论点："中国日弱，外人日骄，此岂一人一事之咎！过此以往，能自强者尽可能自立，若不自强则事不可知。""然欲自强必先理财，而议者辄指为言利；欲自强必图振作，而议者辄斥为喜事。至稍涉洋务则更有鄙夷不屑之见横亘胸中，不知外患如此其多，时艰如此其棘，断非空谈所能有济。……若事事必拘守成法，恐日即于危弱而终无以自强。"李鸿章

---

① 刘国良.中国工业史近代卷［M］.南京：江苏科学技术出版社，1992：162.

在"自强"思想的引领下，开始兴办中国近代军事工业，以工业的近代化推动中国军队的现代化，先后建立了上海及苏州炮局、江南制造总局、金陵机器局，接办和扩建了天津机器局。李鸿章在开办军事工业的过程中，认识到军事工业的发展需要完整的近代工业体系，需要雄厚的经济基础和大规模的机器化生产，他的思想从"自强"转向"求富"，这也是李鸿章工业思想的中心。"数十年后，中国富农大贾必有仿造洋机器制作以求利益者"，是李鸿章在筹办军事工业之初就预料到的。他根据社会的实际情况和中国的客观需要创立了"官督商办"的工业经济体制，从仿造枪炮、轮船到仿行铁路、电报、开矿、纺织，开辟了私人资本投向近代工业的渠道，并兴办了一批民用工业企业，扩大了资产阶级生产方式在中国的影响。李鸿章还积极投身于引进西学、开创中国工业科学技术教育事业的实践，养育了中国第一代资产阶级新人。从19世纪60年代起，洋务派以"自强"为旗号，采用西方先进的生产技术，创办了一批近代军事工业。比较重要的有曾国藩创设的安庆内军械所、李鸿章成立的江南制造总局、左宗棠开办的福州船政局和崇厚经营的天津机器制造局。"洋务运动"后期，为解决军事工业资金、燃料、运输等方面的困难，洋务派打出"求富"的旗号，兴办了一批近代民用工业。规模较大的有李鸿章在上海开办的轮船招商局和在天津设立的开平煤矿，张之洞在湖北设立的汉阳铁厂和湖北织布局等。

将李鸿章洋务工业思想付诸实践的中国第一位资本主义工业企业家是盛宣怀，他在19世纪末几乎控制了所有重要的洋务民用工业企业。盛宣怀经营企业的宗旨有两点："致富"和"分洋商之利"，就是通过办工业企业，抵制外国资本的侵入和掠夺，发展民族资本主义①。盛宣怀认为，"中国不患弱而患贫，不患在下占在上之利，而

---

① 刘国良. 中国工业史近代卷［M］. 南京：江苏科学技术出版社，1992：64.

患洋人占华人之利"。因此，他最早主张将私人资本向工业企业投入，提倡招集商股，很好地抵制了外资。盛宣怀的"致富"及"抵制洋商"的思想，对外表示在与外资势力的明争暗斗上，对内则极力扶持民族私人资本，提出和推行"商本商办"的原则。民用工业实行"官督商办"以及"商办"，这两种工业经济体制的原始主张都是盛宣怀提出来的，经李鸿章同意，清廷批准后全面推开。他对中国资本主义工业经济的形成和资本阶层的产生所引起的重要作用功不可没。①

与盛宣怀几乎同时代的郑观应，也是一位资本主义工业企业家和理论家，他的思想和理论反映在工业经济的问题上，首先反映了私人资本中下阶层的要求。他关注到了中国商人在 19 世纪 70 年代创办的一些小规模的企业，由于资本不继、政治地位不强，不能抵抗外国资本而难以生存的情况。由此印证了他所认为的，中国社会中原来孕育的资本主义萌芽在当时有所发展而又不能成长的看法。对于这种情况，他既担心资本的不足，又不赞成"官款"的加入，进而发出了中国"尚无商律，亦无宪法，专制之下，各股东无如之何"的慨叹，为私人资本摇旗呐喊，要求工商上的革新和政治地位的变革。与李鸿章和盛宣怀相比，郑观应向西方学习的热情更加高涨。郑观应著有《易言》《盛世危言》等书，表达了早期中国资产阶级的政治主张，其中有大量关于发展资本主义工业经济与技术的专题论述。他提出向西方学经济、学政治，要求把西学列入学校讲授的课程和科举取士的科目，更广泛地学习西方的东西。

不管是洋务派官员还是实干的盛宣怀、郑观应，他们的工业思想都是首鼠两端的。因为按照马克思的理论，工业化的经济基础对应的上层建筑应是资本主义。而以上人物发展工业的目的其实是抵制资

---

① 刘国良. 中国工业史近代卷 [M]. 南京：江苏科学技术出版社，1992：65.

本主义的到来，维系摇摇欲坠的封建统治。最终不会成功。

（二）资产阶级的工业制度

终于到了 19 世纪末 20 世纪初，资本主义工业思想在重重羁绊中，在中国得到了确立。在这一过程中，资产阶级改良派、革命派都高呼"振兴工商"的口号，主张在中国发展资本主义工业。在这一时期中，资产阶级改良派谈论工业的很多，他们系统地引进了西方资本主义工业经济思想和理论。康有为首先提出国家工业化的口号，他的《新学伪经考》《孔子改制考》是对封建礼法批判的代表著作，他通过《公车上书》《大同书》《物质救国论》《理财救国论》等书，系统地阐述了关于发展资本主义大工业，反对政府垄断资本，实现国家工业化等问题，形成了完整的、发展资本主义工业的、变法自强的资产阶级改良派理论体系。[①] 作为"维新运动"的主将，谭嗣同从主张"奋兴商务"到"人我通""中外通"，主张建立大工业生产的投资和贸易秩序。他早期提出的"奋兴商务"的思想，与上文我们提到的郑观应等人在此时期提出的以商为中心发展资本主义国民经济的"振兴商务"思想是一致的，由此可见，对于中国工业思想的探索，不同的政治群体经历的过程是有相似之处的。在中国近代思想界起到重要启蒙作用的严复，也是西方资产阶级经济学说的传播者，他批判了清政府办工业几十年，结果是"糜无穷之国帑，以仰鼻息于西人"，主张政府在工业生产中的活动应限制在以下三个方面：第一，少数由国家统一经营，比较经济和有效率，不适宜私人分散经营的事业，如邮政、电报等；第二，一些私人经营无利可图，但对整个社会、整个国家的经济发展又有重大关系的事业，如对教育事业的补助、对技术革新和技术发明的奖励等；第三，一些个人资力不能胜任的大企业，在社会上还没有形成集股投资的风气以前，可先由国家创

---

① 刘国良. 中国工业史近代卷 [M]. 南京：江苏科学技术出版社，1992：162.

办以为私人倡导。①

由于当时的资产阶级势单力薄，在很多方面还表现出浓重的封建主义色彩，在政治见解和对策上还不可能完全达到西方资产阶级的水平，他们只能片面地、部分地解释和宣扬西方理论，而在实践过程中，又往往是同传统的封建意识掺在一起，形成独特的思想体系和奇特的行为轨迹。②

辛亥革命使中国工业思想领域产生了根本性的革命。孙中山提出了以"节制资本"为核心的工业思想。节制资本包括"节制私人资本"和"发达国家资本"两个方面。他指出，"一切大实业，如铁路、电气、水道等事务，皆归国有，不使一私人独享其利"。③在孙中山看来，节制资本有两方面的作用，一方面是希望借助国家力量迅速发达资本，使中国成为一个独立富强的国家；另一方面又幻想依靠国家帮助来"防资本家垄断之流弊"，即防止垄断资本对中、小资本的排挤压迫④。孙中山的节制资本和发达资本的观点具体体现在他在1919 年写成的《实业计划》一书中。在孙中山之外，还有一位号称中国近代史上"实业大王"的张謇，也为中国资本主义工业的发展立下了不可磨灭的功劳。1913 年，张謇就任北洋政府农商总长，提出了振兴和发展全国实业的规划，并一生躬行"实业救国"的思想，以"棉铁主义"为核心，实践实业救国的理想。他认为，一个国家只有拥有强大的棉铁工业，才能成为一个发达的工业国家，才能"操经济界之全权"。同时，棉铁的高利润也能充分解决中国自身的资本不足问题。张謇的"棉铁主义"不仅体现在系统的企业活动中，而且还通过他任农商总长时所制定的工商法律条文，向全国推开，贯

---

① 刘国良. 中国工业史近代卷 [M]. 南京：江苏科学技术出版社，1992：168.
② 刘国良. 中国工业史近代卷 [M]. 南京：江苏科学技术出版社，1992：70.
③ 孙中山. 孙中山选集 [M]. 北京：人民出版社，1956：98.
④ 刘国良. 中国工业史近代卷 [M]. 南京：江苏科学技术出版社，1992：259.

穿在全民族振兴实业的坚韧不拔的伟大努力之中。[①]

资本主义工业文明在中国的渗透，不仅体现在新式工业的建立，中国近代工业思想的形成，还对中国社会生产生活的各个领域都产生了深刻的影响。随着资产阶级的壮大，他们一系列的推动工业发展的运动使得政府不得不采取措施，或颁布一些法令来保护工商或鼓励工艺活动，对工业发展积极倡导。

二、中国近代工业制度的发展

由于中国近代工业产生的特殊背景，抵制外资工业始终是清政府在工业政策中关注的主要问题。中日《马关条约》的签订，使得外国人在中国通商口岸可以自由设厂制造，外国资本节节侵入。1898年签订的中德《胶澳租界条约》，又使得列强获得了在华的开矿权。国人对于这一步步利益的丧失，痛声疾呼"挽回利权，提倡工商"。在民众的强烈呼吁下，1898年7月12日，光绪皇帝签发第一份关于奖励工业投资者的命令，倡导和鼓励富有者将资金投向工业。随后又颁布了几种奖励章程，以及采取有关措施如专利免税等，以与外人竞争，由是笼络人心。当时清政府所颁布的奖掖章程，计有四种：奖励新法章程、振兴工艺给奖章程、奖励公司章程、奖给商勋章程。对于工业投资和工业技术发明创造人员的奖励制度逐步完善，在刺激资本向工业转化的同时，也从根本上扭转了"贱工商"的思想观念。

清政府提倡新式工业，在前期成效未著。在20世纪初，自载振考察各国工商企业归国后，清政府根据资产阶级"振兴工商"的要求，在中央设立了商部，清政府有了提倡工业的专职机关。1903年9月7日，清政府宣布商部正式成立，中央商部分设四个司，涉及工业管理的有保惠司、通艺司、会计司。以载振为尚书，陈璧与伍廷芳为

---

① 刘国良. 中国工业史近代卷 [M]. 南京：江苏科学技术出版社，1992：265.

左右侍郎。商部的地位仅次于外务部，列于其他各部之前，并于同年10月在各省设立商务局，作为省级管理工业的机构。在商部成立前夕，清政府还下令载振、袁世凯、伍廷芳等人负责制定商律，1904年1月，商律中的《公司律》开始颁布实施。在《公司律》制定的同时，《商会简明章程》颁布，其中规定"商会总理、协理有保商振商之责"，有"秉公申诉之权"，颁布保护奖励工商业办法，包括通下情、定官制、立课程、严赏罚等内容。商会成了与当时中国的新式工商业经济相应的组织形式。商会由商务总会、商务分会和商务所三级组成，全国的工商业者从村镇到省市逐级的集结起来，并且具有法律地位，受到法律的保护。随后，《公司注册试办章程》《商标注册试办章程》《破产律》等一系列的法律开始颁行。作为中国第一部工业法典，商律在保护资产阶级的合法权益上起到了一定的作用。自商部奏定条例、设局注册以及颁布实行实业奖爵、专利与免税、设置劝工陈列所等保护奖励工商业办法以来，新式工商业渐有上升景象。

为了更好地学习西方的工业技术，清政府注意引进新技术，并在各地开设了工艺局或工艺厂，作为官办的示范工厂，为民间企业培养技术人才。中国优秀的工业产品曾在光绪年间屡次参与国际展览会，这在一定程度上对中国工业的发展颇有帮助，但在国内一直没有举办展览会。1909年，商部在武昌举办了"武汉劝业奖进会"，系由湖广总督发起，展出以湖北产品为主的名优产品，这是中国工业产品的第一次会展。当时所定奖进会的宗旨，仅是"以奖励比较本省之生产业，而助其进步，并以立南洋劝业会（奏定宣统二年开办）之基础"，其范围甚狭。所陈列的物品，即天产部、工艺部、美术部、教育部、古物参考部。1910年（宣统二年）在南京举行南洋劝业会，占地100余亩，用款达150万余元。在这次展览会中，搜集国内外物品极多，规模宏大。所展出的重要工业品：如江苏、湖北等处的洋粗布、斜纹布；日晖制呢厂、湖北毡呢厂、溥利公司的粗细大衣呢；南京的贡绸、宁绸；湖北、江西的陶瓷器，颇有称道。①

清末民初，发展资本主义工矿业的呼声愈加高涨。张謇批评以商立国的口号是皮毛之论，强调"富民强国之本实在于工"，并提出"棉铁主义"的口号。他认为，一个国家只有拥有强大的棉铁工业，才能成为一个发达的工业国家，才能操纵经济界之全权。张謇的棉铁主义实际上是一个反映民族资产阶级上层的利益和要求的工业化方案。他想靠民营资本的力量实现棉铁主义，但资本弱小的民族企业家们无力兴办钢铁，就是棉业也常遭困难。他提出实行全面的开放主义，呼吁中外资本共同投资。利用外资加速中国工业的发展，本身是无可非议的，问题在于，当时中国并不存在实现这种主张的政治条件。早已侵入中国并已建立起牢固半殖民统治地位的列强，不希望也不想看到中国资本主义经济获得独立发展。张謇的经历证明了这样一个历史结论："没有一个独立、自由、民主和统一的中国，不可能发展工业，实现工业化。"

继清政府之后，民国时期政府也十分重视工业的发展。孙中山认为，要解决民生问题，必须"发展资本，振兴实业"。但他同时又目睹了垄断资本压迫下西方国家的社会矛盾和阶级冲突，故而提出节制私人资本、发展国家资本的中国工业化方针。然而正如孙中山所担心的，资本主义发展中的种种弊端使尚处于农业社会的中国人心存厌恶，第一次世界大战的血腥更加深了国人对未来发展前途的疑虑。于是，在一场中国不需要工业化的论战中，工业化发展遭遇沉重的打击。1912年（民国元年），政府将农工商部划分为农林、工商两部。当年的12月，工商部就颁布了《奖励工艺品暂行章程》，共13条。按照这项章程规定，凡发明或改良的制造品，由工商部考验认为合格者，享有5年专卖权利，或给予名誉上的奖励，给予奖状。1913年

---

① 祝慈寿. 中国近代工业史［M］. 重庆：重庆出版社，1989：397.

（民国 2 年）12 月，农林与工商两部重行合并，改称为农商部。翌年（1914 年）1 月 13 日，颁布《公司条例》《公司保息条例》。此后，又有 1917 年（民国 6 年）11 月 23 日颁布的《改订工业试验所章程》共 22 条；1923 年（民国 12 年）3 月 29 日颁布的《工厂暂行规则》共 28 条等多项工业条例，有的因为时局的原因并没有一一付诸实施。但是，由这些条例颁布的初衷我们可以看出，1912 年（民国元年）以来，政府对于新工业的奖励提倡，以及工业法规的推行，都是促进新工业勃兴的因素。

民国时期推出的免税办法也颇有益于中国工业生产的发展。"机制货物减税特典"规定，不论机制货物经由海关与否，缴纳一次正税，即给以特别运单，无论运往何处，一切的出口税、沿岸贸易税、常关厘金及落地税（崇文门落地税为例外），皆予免除。故较普通国货，其课税上负担颇轻；又较外国进口货，亦少子口税的负担。[①]

农商部在 1915 年（民国 4 年）也举办了国货展览会，奖品分为五等。时值第一次世界大战期间，虽因限于经费，所获成绩不大，然亦足以引起企业界的注意。其次为 1921 年（民国 10 年）11 月 1 日上海总商会附设的商品陈列所，适值开幕纪念，因而举办一般物品展览会。所展出的工业产品达 34000 余件。其后第二次为蚕茧丝绸专门展览会，于 1922 年（民国 11 年）6 月举行。工商部还推出了"特种工业奖励法""行政纲要十六条"等奖励工业的政策，对于民营工业的振兴大有裨益。

1912—1919 年，中国新建厂矿有 600 多家，新增资本达 1.3 亿元以上，超过了过去的半个世纪；发展最快的是纺织业和面粉业；火柴、榨油、造纸、化工等轻工业，也发展迅速。

这一时期，中国民族资本主义虽然取得较大的发展，但仍然受着

---

① 祝慈寿. 中国近代工业史［M］. 重庆：重庆出版社，1989：399.

帝国主义和封建主义的压迫，带有半殖民地半封建的特征，主要表现为：民族工业的发展主要是在轻工业方面，重工业基础极为薄弱，没有形成独立完整的工业体系。民族资本与外国资本相比，力量十分薄弱。在帝国主义的控制下，民族工业不可能走上独立发展的道路。民族资本与封建经济相比，封建的自给自足的自然经济仍占绝对优势，这使民族资本主义的发展受到极大的束缚。一些资本家和地主在向近代工业投资的同时，并不放弃土地和其他封建剥削。

在抗战之前十几年的时间里，中国的工业面临着诸多的不利因素，但仍然有所发展，主要在于中国关税的自主、裁撤厘金、统一税收、法币政策等保障体系的建立。中国自1842年失去关税自主权之后，在进出口的过程中流失了大量的白银。从1919年的巴黎和会上，中国开始努力争取关税自主权，直至1928年国民政府重提关税议案，得到了欧洲大多数国家的认可，中国关税自主的条约于1929年2月1日正式生效。政府的关税开始增收，并通过提高进口货物的税率，限制进口数量来减缓国内市场与民族工业品的竞争，对保护国内工业起到了积极的作用。作为承诺列强同意中国关税自主的附加条件，国民政府于1930年裁撤了厘金制度，并于1931年1月在全国实施统税税制，除了此前开设的卷烟统税，是年开设了棉纱、火柴、水泥等共七项统税。① 统税的实行，为国家增加了税收，为国内外企业提供了平等竞争的机会。同时，国民政府于1935年推行的法币政策，使中国财政摆脱了世界银币的牵制，保证了工业生产的有序进行。

但是由于反法西斯战争耗时14年，两次国内革命战争又是战乱不断，更为重要的是亲美的蒋介石政府为了取得政权的稳固和个人的私欲，把中国刚刚兴起的民族产业又毁之殆尽。抗日战争期间，国民政府对整个中国的经济实行统制经济政策，民族资本受到官僚资

---

① 刘国良. 中国工业史近代卷［M］. 南京：江苏科学技术出版社，1992：304.

本的挤压和摧残。四大家族垄断了中国的经济、政治命脉；解放战争时期，美国商品大量涌入中国市场，形成独占地位，这对中国的民族资本无疑是毁灭性的打击。

中国近代民族工业发展其实非常畸形。一是发展落后，且沦为帝国主义的原料劳力的提供地，很难独立发展；二是只能发展一些轻工业，重工业在封建制度残余势力和帝国主义的掠夺下根本没有发展空间；三是发展不均衡，不是全国性的，恰恰是被盘剥的最厉害的东部沿海地区得到了真正发展；四是发展极不稳定，短暂、起伏。换句话说，中国近代的工业发展落后是由于中国是传统的农业国家，自古以来，重农业而轻工商。再加上长年战争的严重破坏，无法建立一个独立的完善的工业体系；还有一个原因就是受帝国主义、封建主义和官僚资本主义三座大山的压迫，中国近代工业无法在夹缝中生存。

第三节　中国现代的工业文化制度 与工业文化思想

1949年新中国的成立标志着中国现代工业的建立。回顾历史，新中国在帝国主义的侵略和国内战争的摧残中艰难起步。这一时期工业基础十分落后和薄弱，机械化程度低，工业技术水平、管理水平落后，经济效益低下。工业部门残缺不全，工业发展具有依附性强，地域分布、市场发展都极不合理的特点。上文提到的封建买办实业、官僚资本以及外国公司等都或多或少地影响着社会主义现代工业的建立和发展。我国的现代工业文化当然也深深地打上了时代的烙印。

中国工业化的发展道路，是在社会主义工业化思想的指导下形成的。毛泽东在中共七届二中全会上首次提出了党在民主革命向社会主义革命转变时期的路线、方针和政策，并着重阐述了党在这个时期的经济纲领，提出了全国胜利后经济建设方面的总目标——建立独立完整的工业体系，使中国由落后的农业国变成先进的工业国，把中国建设成为伟大的社会主义国家。1954年第一届全国人民代表大会制定并通过的《中华人民共和国宪法》，规定"从中华人民共和国成立到社会主义社会建成，这是一个过渡时期。国家在过渡时期的总任务是逐步实现国家的社会主义工业化，逐步完成对农业、手工业和资本主义工商业的社会主义改造"。实现工业化便成为中华人民共和国在经济上的基本国策和目标，成为社会主义建设的中心内容。

薄弱的经济严重制约了工业化建设，所以重工业生产是当时最迫切需要恢复和发展的。一系列的会议报告都指出了工业建设的重点应该放在重工业，首先保证重工业和国防工业的基本建设，尤其是钢铁、燃料动力、机械、军工、有色金属和化学工业等方面，特别是确保那些对国家起决定作用的、能迅速增强国家工业基础与国防力量的主要工程的完成，以轻工业为辅。在优先发展重工业思想的指导下，在苏联的帮助下，我国在"一五"期间完成的156个关系国民经济命脉的项目，包括建立和扩建电力工业、煤炭工业和石油工业，建立和扩建钢铁工业、有色金属工业和基础化学工业，建立制造大型金属切削机床、发电设备、冶金设备、采矿设备和汽车、拖拉机、飞机的机器制造工业等。这些以重工业为中心的经济建设改变了我国工业部门残缺不全的状况，奠定了我国工业化的初步基础，为国民经济进行技术改造提供了物质技术基础。在优先发展重工业这一指导思想的前提下，也产生了农、轻、重协调发展的思想。

1956年，生产资料所有制的社会主义改造取得胜利，中国进入了大规模全面建设社会主义的新时期。对社会主义工业化道路的探索，也是从1956年开始的。1956年1月，毛泽东在最高国务会议上提出，中国人民应该有一个远大的规划，要在几十年内努力改变我国在经济、科学、文化上的落后状况，迅速达到世界先进水平。1956

年4月，毛泽东做了《论十大关系》的报告，把探索社会主义工业化道路的问题提到了全党的面前。报告以苏联的经济建设为借鉴，初步总结了过去几年经济建设的经验，对今后建设工作中需要处理好的十个方面的问题作了精辟的论述。关于农、轻、重的关系，毛泽东指出："重工业是我国建设的重点。必须优先发展生产资料的生产，这是已经定了的。但是决不可以因此忽视生活资料尤其是粮食的生产……重工业和轻工业、农业的关系，必须处理好。我们现在的问题，就是还要适当地调整重工业和农业、轻工业的投资比例，更多地发展农业、轻工业。"

1957年2月，毛泽东作《关于正确处理人民内部矛盾的问题》的讲话，正式提出了中国工业化道路问题。毛泽东指出："这里所讲的工业化道路的问题，主要是指重工业、轻工业和农业的发展关系问题。我国的经济建设是以重工业为中心，这一点必须肯定。但是同时必须充分注意发展农业和轻工业。""我国是一个大农业国，农村人口占全国人口的百分之八十以上，发展工业必须和发展农业同时并举，工业才有原料和市场，才有可能为建立强大的重工业积累较多的资金。大家知道，轻工业和农业有极密切的关系。没有农业，就没有轻工业。重工业要以农业为重要市场这一点，目前还没有使人们看得很清楚。但是随着农业的技术改革逐步发展，农业的日益现代化，为农业服务的机械、肥料、水利建设、电力建设、运输建设、民用燃料、民用建筑材料等将日益增多，重工业以农业为重要市场的情况，将会易于为人们所理解。在第二个五年计划和第三个五年计划期间，如果我们的农业能够有更大的发展，使轻工业相应地有更多的发展，这对于整个国民经济会有好处。农业和轻工业发展了，重工业有了市场，有了资金，它就会更快地发展。这样，看起来工业化的速度似乎慢了一些，但是实际上不会慢，或者反而可能会快一些。"在中国经济思想史上，这是中国人首次从工业化角度对农、轻、重的关系作出精辟、有创建的论述。通过全面、系统的分析，中国找到了符合国情、适应经济发展规律的社会主义工业化道路。

然而，对社会主义工业化道路探索的科学、合理的思想并没有顺利地发展，从 1961 年起进入了艰难的调整时期。在调整时期中央提出了"以农业为基础、以工业为主导"的思想，这一思想是对 1956 年提出的发展工业和发展农业同时并举思想的进一步发展，这也标志着中国社会主义工业化道路的正式形成。中国日后工业化发展始终围绕着这一思想进行。

经过 1961 年至 1965 年的经济调整，国民经济各部门之间的比例关系得到了初步的改善，工农业总产值都有较大增长，经济效益有所提高，人民生活得到改善，进出口贸易增加，并全部还清了外债。所有迹象表明，经过 5 年的调整，我国国民经济又走上正常发展的轨道。

在 20 世纪 70 年代上半期，中央进行了对农、轻、重发展关系的调整，但是工业化发展的整体速度还是迟缓。

1978 年 12 月，中共十一届三中全会召开，这是新中国成立以来中共历史上具有深远意义的伟大转折。中央对新中国成立以来的国民经济结构进行反思，在 1979 年 4 月召开的中共中央工作会议上，正式制定了对国民经济实行调整、改革、整顿、提高的方针。这一方针的提出和贯彻执行，标志着我国社会主义经济建设的指导思想发生了根本转折，坚决纠正过去经济工作中的失误，使各项经济工作符合客观经济规律，走出一条中国式的工业化道路[①]。1979 年召开的五届全国人大第二次会议《关于 1979 年国民经济计划草案的报告》强调指出：今后 3 年调整国民经济的首要任务，是集中主要力量把农业发展搞得快一点，坚决按照农、轻、重次序安排计划，促进整个国民

---

① 赵晓雷. 中国工业化思想及发展战略研究［M］. 上海：上海财经大学出版社，2010：76.

经济协调发展。同时，要努力把轻纺工业的发展搞得快一点，增产更多、更好的轻纺产品供应城乡市场和外贸出口，为国家提供更多的财政收入。随后的多次会议都提出了对中国在经济结构上进行"补偿性"的倾斜政策，国家有计划地放慢了重工业的发展速度，采取措施加快农业和轻工业的发展。1979年，轻工业发展速度首次超过了重工业，国民经济结构表现出一定程度的"轻型化"现象。1979年以后，随着国民经济调整工作的展开，理论界对工业化道路及经济结构问题又展开了热烈的讨论。这期间，理论上的一个突出特点是对农、轻、重发展关系为中心的工业化道路的认识发展到了经济结构的层次，以后，"工业化道路"这一概念逐渐为"经济结构"概念所取代。①

中国改革开放以后及"六五"计划期间，是经济结构调整的第一阶段。从当时的实际情况出发，着重调整了农业、轻工业和重工业之间的比例关系，使社会生产的基本结构趋于合理。这次调整从总量平衡的角度入手，分析经济问题，最终起到优化产业结构的根本目的。1987年10月，中共十三大召开。中共十三大报告《沿着有中国特色的社会主义道路前进》中提出了注重效益、提高质量、协调发展、稳定增长的经济发展战略。这一战略的一个基本要求是保持社会总需求和总供给的基本平衡。中共十三大在我国社会主义建设历史上第一次做出了制定产业政策的决策，第一次提出了系统的产业政策。这标志着我国关于工业化道路及经济结构的理论认识发展到了一个新的层次。而且，十三大报告及中共中央关于"七五"计划的建议明确使用了第一、第二、第三产业的概念（20世纪40年代，克拉克提出"三次产业"分类法，即按照生产活动的阶段把社会生产分为一次产业、二次产业和三次产业三大部分。现已成为世界上通用

---

① 赵晓雷. 中国工业化思想及发展战略研究［M］. 上海：上海财经大学出版社，2010：79.

的产业结构分类法），并从产业结构优化的角度规划了第一、二、三次产业的联系及发展，这亦是认识上和方法上的一种发展。①

1988年9月，中国经济发展战略迎来一次新的转折，中共十三届三中全会提出了"治理经济环境、整顿经济秩序、全面深化改革"的新方针。在产业政策选择的过程中，理论界产生了以农业为基础的产业政策、以重工业为主导的产业政策和以机电工业为核心的产业政策三种思路。1990年12月30日，中共十三届七中全会通过了《中共中央关于制定国民经济和社会发展十年规划和"八五"计划的建议》（以下简称《建议》）。《建议》提出了20世纪最后10年中国国民经济和社会发展的基本任务和方针政策，包括全面的产业发展战略。《建议》指出，在今后十年和"八五"计划期间，中国产业政策的指导方针，就是大力调整产业结构，加强农业、基础工业和基础设施的建设，改组改造加工工业，不断促进产业结构合理化，并逐步趋向现代化，以适应经济增长和消费结构变化的需要。据此方针，《建议》制定了以基础产业和电子工业为重点的全面的产业发展战略。② 1992年6月16日，中共中央、国务院发布《关于加快发展第三产业的决定》，提出按照国民经济和社会发展十年规划和第八个五年计划的要求，必须使第三产业有一个全面、快速的发展。20世纪90年代我国以基础产业、电子工业为重点及加快发展第三产业的产业发展战略基本上符合经济发展现状及产业结构转换规律。

随着工业化的不断发展，我国工业经济管理体制逐步建立和完善，其发展主要经历了三个阶段。总的来看是从农村到城市的转变，从计划经济到市场经济的转变。

第一阶段是新中国成立初期到1956年，这也是我国工业管理体

---

① 赵晓雷. 中国工业化思想及发展战略研究 [M]. 上海：上海财经大学出版社，2010：83.
② 赵晓雷. 中国工业化思想及发展战略研究 [M]. 上海：上海财经大学出版社，2010：99.

制的建立期。在这一时期，可简单概括为：主要依靠国内积累建设资金，从建立和优先发展重工业入手，高速度地发展国民经济；实施"进口替代"政策，通过出口一部分农产品、矿产品等初级产品和轻工业品换回发展重工业所需的生产资料，并用国内生产的生产资料逐步代替它们的进口；改善旧中国留下的工业生产布局极端不合理和区域经济发展极端不平衡的畸形状态；随着重工业的建立和优先发展，用重工业生产的生产资料逐步装备农业、轻工业和其他产业部门，随着重工业、轻工业和农业以及其他产业部门的发展，逐步建立独立完整的工业体系和国民经济体系，逐步改善人民生活。尤其是鞍钢、沈阳机械、长春一汽、第一个飞机制造厂、东北工业基地的形成成为第一个五年计划的标志。

第二阶段是十一届三中全会后，从单一的公有制经济转变为以公有制为主体、多种经济成分并存，从计划经济转变为以计划经济为主、市场调节为辅，实行对外开放。工业生产大多是粗放型，一些重污染企业也快速兴起。一方面，各类型经济如雨后春笋般兴起，工业经济类型规模都有了质的改变；另一方面，盲目地追求经济效益而破坏了与自然的和谐发展和共处。

第三阶段是 20 世纪 90 年代以来，向社会主义市场经济体制转变，由粗放式经营向集约式经营转变。调整产业结构，改变企业管理方式，实行政企分开，把企业推向市场。增强了企业活力，解放了生产力，工业得到发展，使经济出现了前所未有的活跃局面。

这三个阶段有着共同的特征：一是通过社会主义制度集中财力、物力、人力，优先发展重工业；二是以政治激励为主，建设规模与国力平衡困难，经济波动大；三是企业生机与活力不足的问题凸现。20世纪 90 年代以来，中国进入工业化中级阶段。工业领域的改革主要在企业、政府、行业三个层面上进行，同时实现了开放型经济的战略转变。但是，由于我国的工业化计划成分太重，所以导致工业化的灵活度不够，对市场经济的发展有一定的阻碍。1953—1991年，我国度过了工业化前期阶段，初步建成了比较完整的工业体系，共计用了38年。

上层建筑之间的互相影响，最直接的体现就是在文化制度之中。新中国成立前的官僚资本主义是明显的剥削关系，当然在企业内部的文化当中主要就是一种等级关系，从此衍生出人情、服从等封建固有的各种思想文化。而中国现代工业文化的一个最基本的特征就是平等。这是建立在我国所有制制度的基础之上的。在以公有制为主体的社会主义制度下，企业的文化特质是发展。在继承以往的工业文化方面，借鉴吸收了不少国外的先进的理念，形成了如今的既具有民族和时代特色，又具有国际视野和全球融合的新型工业文化。

经过70年的发展，我国建立了比较完整的工业体系。目前我国工业产品的产量居世界第一位的已有210种（如粗钢、煤、水泥等），主要产品产量位次不断前移，仅机电产品出口居世界第一位的就有近40种，出口值中工业制成品的比重上升到95%。我国还自主开发了大型船用曲轴、大型钢铁企业成套设备、高性能数控机床、程控交换机、大型计算机、载人航天、高铁、J15、J20飞机等高新技术产品，提升了我国工业产品的竞争力。

进入21世纪，面临新的国际环境和国内发展的新挑战，中国工业发展产生了新型工业化的思想。自2001年加入WTO后，中国的工业就和世界工业进程融为一体，并且越来越显现出中国特色的优越性。在党中央创新发展观、科学发展观等正确理论的指引下，尤其是在党的十八大后，"习近平中国特色社会主义"理论的指引下，工业思想涉及了信息化工业化融合、产业结构优化升级、科技创新、合理利用开发资源和可持续发展等方面的内容，大力推进了中国工业的发展。

小　结

中国工业从古代重农轻工的思想基调出发，经历了近代民族工业的发展，在新型工业化思想的引导下，走上了工业化的道路。作为习近平特色社会主义经济思想的一部分，中国工业思想注重结构调整与转变经济发展方式、构建现代产业体系与优化产业布局、自主创新与提升企业核心竞争力、发展循环经济与提高资源利用效率，以及制度与经济管理方式创新等方面，我国的工业化在不断地、科学合理地向前发展。

第二章　中国工业文化与工业精神

习近平总书记指出："体现一个国家综合实力最核心的、最高层的，还是文化软实力，这事关一个民族精气神的凝聚。我们要坚持道路自信、理论自信、制度自信，最根本的还有一个文化自信。要从弘扬优秀传统文化中寻找精气神。"中国的工业起步于"洋务运动"，此后，中国人在效仿与摸索中逐步建立了自己的工业体系。中国人在民族富强的道路上经过一百多年的探索，走出了一条工业化道路的历程。随着中国工业体系的建立，"中国制造"声名在外，但是，工业发展过程中体现的工业精神却很缺乏，要让"中国创造"响遍世界，中国工业发展过程中的工业精神就显得十分重要。

第一节　工业精神的界定

正如德国政治经济学家马克斯·韦伯所说："任何一项历史事业都有一种无形的社会精神气质作为时代的精神力量来支撑，没有这一支撑，这项事业就难以完成。"优秀的工业离不开坚实的工业精神作为支撑，全世界的工业发展莫不如此。随着工业化过程的产生和发展，工业精神逐渐凝聚展现。所谓工业精神，是为工业生产活动提供深层次动力和支持的一种工业价值观，表现在工业化进程不断追求效率、崇尚科学、严守标准等方面。工业精神贯穿从事工业的主体、工业行业的运行和工业成果等各个方面，正如文化之于人，是人的灵魂，工业精神之于工业，也是工业的灵魂。

2008 年，韦桂华在全球品牌网发表文章《重铸"工业精神"气质》，他认为，"工业精神的要义，包括专业化精神、务实精神和执着精神等。这些要义，应当植根于众多中国制造企业的灵魂深处"。汪中求在《中国需要工业精神》一书中指出，工业精神所有行为都必须对未来负责任，其内涵包括合作精神、契约精神、效率观、质量底线、科学观与创新精神、持续发展观、城市精神等。工业主体体现工业精神，工业活动离不开工业主体的参与，这些工业主体用辛勤的劳动创造价值的同时，他们本身也体现着工业活动中人的社会属性及精神风貌。在工业劳动中，工业主体的劳动必须是被当作一种天职来从事，才能具有"集中精神的能力"与"忠于职守的责任感"，有极大提高效率的自制力和节俭心。在工作中将个人利益置后，主动关注消费者的需求，主动承担社会责任，多干实事，少说空话，以个人的本职工作推动企业的发展，进而满足社会需求，这是一种甘于奉献的主人翁精神。在计划经济时期，产业工人被誉为国家的"主人"，但改革开放后，巨大的产业大军从"主人"变成了"打工仔"和"打工妹"，这些名称的变化，可以看出工业主体素质、精神的发展变化。国家的"主人"，意味着参与工业活动的工业主体在工业活动中以主人翁的责任感、崇高的使命感参与工业活动，去追求和实现个人理想。自觉制定和遵守工作守则是工业主体尊重自我、规范行为的基本要求。职工守则是工作主体进行自我教育的公约，是工业主体集体共同遵守的基本思想规范和基本行动准则。守则中的行为准则，可以提升工业主体的个人素质，塑造个人的精神人格，为工业活动产生更高的价值。而"打工仔""打工妹"的称呼，则体现了工业主体个人与工业活动的脱离。当今社会，工业主体一两年换一个单位的情况很普遍，职业稳定性较差，没有专注就没有量的积累，员工工作的不稳定势必会影响产品的品质，从而对整个工业生产造成负面的影响。由于缺少对职业的执着追求，有的工业主体缺少对规则、秩序的执着和坚守。没有对科学规律的尊崇，对规则、制度、标准、流程的执着坚守，团队意识、奉献精神、竞争精神等很难凝聚起来，从而影响了工业活动的良性发展。

中集集团总裁麦伯良曾感叹，"未来中国制造竞争的优势将取决于人，取决人的创造力，这个创造力，在工业化大生产的环境下不再是少数人的聪明才智，而是一种共同的价值观和时代的精神"。工业主体参与的工业活动，有时就是他一生的全部，有很多一生专注一项工作的工业主体，用生命诠释了工业主体的工业精神。天津金桥焊材集团董事长侯立尊就是一位典型的代表，这位老人把一生都献给了祖国的焊材事业。为养活家人，侯立尊16岁到沈阳一家日本人开办的电焊条厂做学徒工，学成技艺后，创办了"中和焊接器材厂"，后经过改制，成为专门研制电焊条的工厂。为了研制国家急需的电焊条，他通过自学，打下了扎实的理论基础，积累了丰富的实践经验，成为国营天津电焊条厂的技术负责人。从此，他的"侯氏创造"，书写着中国焊材发展史上的一个又一个第一。在把自己的焊材集团发展成为国内规模最大、竞争力最强的焊材研制基地，坐上了国内焊材业的第一把交椅时，他立下了"中国的焊材市场只能由中国的民族企业来主导"的誓言，矢志为国家立尊。侯立尊以对事业的专注、梦想的执着和道德底线的恪守，打造了中国焊材工业的精神。

中国高铁，用数年时间走完了发达国家用数十年才走完的路，创造了世界奇迹，打造了一张中国制造的"国家名片"。这张流光溢彩的名片背后，是中国高铁工人工业精神的强大支撑。正如中国北车长客股份有限公司董事长王润所说："那些身着蓝色工装的身影，那些坚毅、认真、执着的面孔，就是中国高铁发展的基石与砥柱。正是他们'敢担当、勤学习、争创新、重实干、求精细、勇超越'的卓越品质，积淀成了中国第一代高铁工人精神的精髓，铿锵奏响了中国高铁华美壮丽、动人心弦的凯歌，在迅速实现国人高铁梦想的同时，成就了中国装备制造的强国之梦。"中国高铁工人，勤奋学习，为国担当，埋头实干，奋勇创新，以精益求精的态度不断地超越进取。曾有《工人日报》的记者深入长客股份有限公司采访，经过与高铁工人历时半年的接触，记者受到了他们身上具有时代烙印的工人精神的深深感染。在采访手记中，记者们将高铁工人的精神特质概括为："报效祖国、奋勇拼搏、舍我其谁的强烈担当情怀；开放包容、兼收并蓄、谦虚求教的勤奋学习态度；崇尚科学、积极探索、推动进步的开拓创新意识；爱岗敬业、吃苦耐劳、无私奉献的埋头实干作风；精工细做、严谨细致、精益求精的黄金品质追求；不甘人后、挑战强者、勇争第一的进取超越精神……它们一起交汇熔铸成了具有鲜明时代烙印的'中国第一代高铁工人精神'，构筑起我国新时期产业工人的精神高原，进一步丰富了中国工人阶级伟大品格的内涵和外延。"

工业行业展示工业精神。在工业进程中，工业革命带来的机器大生产需要各个生产部门的协同合作。在合作中，为了确保工业的良好运行，需要协调工业运行中各方面的关系，推动工业生产。在这一过程中，工人的集体协作精神非常重要。严密高效的协调合作，规范严密的管理流程，增强了团队的竞争力，强调了团队合作，采用规范严密管理流程的组织更容易获得成功。虽然每一个工业主体在工业运行中的主观能动性都不可忽视，但是，这些工业主体又是工业行业运行中的一分子，作为团队的一员，他们需要明确个人和团队的目标，明确个人的角色定位和在团队中的作用，各司其职，尽职尽责，分工明确，互相合作，以快速敏捷的运作有效地发挥角色所赋予的最大潜能，从而推动整个工业系统的快速和高效运转。可见，工业运行受工业精神文化、工业制度文化的影响，意识领域的工业精神通过工业主体对工业运行发挥着能动作用，引导着工业运行进程。在协同合作的过程中，普遍认同和共同遵循的价值取向和行为规范逐渐形成定式，凝结成工业运行中的工业精神。

工业运行中的工业精神主要存在于合作和生成之中，以一种动态的形式存在。其主要包括追求一次到位和剩余价值最大化的效率精神、体现自由意志契约精神、诚实守信精神等内容。效率是社会发展不断追求的目标，是资源的有限和欲望的无限之间矛盾的平衡点，在工业活动中，追求效率是重要的原则，在工业社会，效率是企业经营的基点和管理的核心。对于效率的追求，往往会形成一个衡量的标准，以此来规范效率的目标、手段、过程、结果等方面。效率的实现强调时间的最大化利用，对时间进行管理，能够在工业运行中合理分配时间，把握工业运行过程，在有限的时间内高效地完成工作任务，以竭尽全力的精神投入工作，一次性产出最高品质的工业成果。

工业运行离不开市场环境，公平的市场竞争能通过优胜劣汰机制不断改进市场的配置效率，并迫使企业不断创新与提升效率。人才的培养与工人技能水平的提高是工业效率提升的关键。[①] 高校人才与应用技术研究机构对口合作，高素质的工程师与高技能的产业工人的培养、培训，都有助于提升我国工业的整体劳动生产率。效率的提升不能突破质量的底线，从诸多中国企业的成长过程中我们可以发现，中国企业从 20 世纪 80 年代末期就已经开始关注日本精益的管理，但是经过三十多年的探索和努力，仍然没有在工业运行中很好地践行这种精益管理，没有将精益管理转化成文化和习惯渗透到工业运行的进程之中。日本企业精益求精的工业精神，不仅是对效率的追

---

① 江飞涛，武鹏，李晓萍．中国工业经济增长动力机制转换［J］．中国工业经济，2014
（5）：16.

求，也是对质量的重视。零缺陷的质量标准，使工业效率的追求具有意义，在某一工业领域才能达到领先水平。

正如英国著名法律史学家梅因所言："迄今为止，所有社会进步的运动，都是一个从身份到契约的运动。"效率的追求和质量的保证，离不开工业运行中的契约精神。契约精神是工业化过程中的必然产物，随着工业化的发展、社会的进步，契约精神以各种形式出现在工业行业的运行之中。可以说，没有契约精神，工业文明就无从谈起。现代社会，各种要素的流动不断扩大和加速，交易和博弈的次数和频率明显增多，契约精神出现在我们的日常生活之中。契约规定了利益双方在权利与义务方面的双向依存关系，是工业活动中的各方之间为了各自目的、共同利益而共同制定和遵循的或隐或显的规则，也成为现代人们生活的常态和行为模式。契约精神体现了公平与合理、承诺与执行的伦理底线。万科集团创始人王石曾发表过一段在美国学习生活的感言："现代企业制度是借鉴西方来的，东方文明本身是没有这个东西的，现代企业制度很重要的一个基石就是契约精神，契约精神同时也需要有一个法律制度为前提，恰好这些都是中国文化和亚洲文明比较缺失的。对于中国企业家的现状和中国企业家的弱点，我觉得和西方企业精神、西方企业家来对比，中国最缺少的是契约精神。"没有规范的诚信体系、有效的组织管理、广泛的舆论参与，契约精神就无从培育。

契约作为一种约定，在中国语境中也可以理解为诚信。契约精神要求工业活动的各方具备诚实守信的品质。诚信是每个人安身立命的前提，更是企业发展的根基，诚信是工业运行的自觉规范。中国文化中充满了对诚实守信的传承，这种文化修养是从思想理念，到制度建设，再转化为文化习俗，是一个逐渐演进的过程，诚实守信的传统品德是靠平时一点一滴的积累修养而成的。在工业运行中自觉地遵守诚信，往往会在工业活动中收获最大的利益。以中国近代的晋商为例，晋商取得的巨大成功，与其诚信的口碑密不可分。晋商讲诚信，甚至有的用生命来践行诚信，晋商的信誉和品牌来之不易，成为晋商在商场中克敌制胜的"撒手锏"。这种诚信的精神逐渐转变成一种文化、一种习俗，形成一种社会风气，落实到社会大众的比较自觉或者从众而为的行动上，成为工业活动中相对稳定的工业精神，可以代代相传，形成品牌和信誉。当下，有的企业在追逐利益的过程中，契约精神大打折扣，欺诈、违约现象时有发生。企业既要靠道德法则的支撑和良心的自律，也要靠体制机制的完善和法律的刚性约束，形成工业运行中的诚信精神。有时候，讲诚信就如格力电器总裁董明珠所说："吃亏的工业精神，就是先付出，再讲获取。我们奉献了自己的价值，人们用我们的产品改善了生活，拥戴我们的人才会越来越多。"

工业成果凝聚工业精神，工业精神在工业成果中得到凝聚和物化。物质成果是工业生产价值的主要载体，工业的发展和人们生活水平的提高对工业成果提出了更高的要求。工业精神引导工业主体通过工业运行创造价值，以今天的"德国制造"为例，德国产品已经成为高附加值、精益求精的象征，无论价格高低，基本具备精密、务实、安全、可靠、耐用等特征。然而，早在19世纪，德国工业制造发展的初期，德国产品是廉价、劣质、低附加值的代名词，当时英美等发达国家严厉批评德国产品的质量粗劣、价格低廉、假冒伪劣，觉醒的德国企业知耻而后勇，抓住国家统一与工业革命的时代机遇，用了近十年的时间，使"德国制造"超越了"英国制造"。当时德国在钢铁、化工、机械、电气等领域已经涌现出西门子、克虏伯、蒂森、拜耳等一大批全球知名的企业。在工业发展过程中，以品牌强国的意识修炼了德国工业史的工业精神之路。而再看我们的"中国制造"，中国已经是全球最大的制造国家，但中国产品在世界上廉价、低质的形象依然亟待改变，"中国制造"的价值亟待提升。

因此，在工业运行中，中国工业需要在工业成果中强化质量精神，当前工业产品中的各种质量问题也迫切需要优秀工业文化的引导。在对产品品质的追求方面，中集中国国际海运集装箱（集团）股份有限公司探索出了一条"ONE"的管理模式，他们倡导的"工业精神"是要建立人与产品之间的关系，"产品一流品质"是"工业精神"的体现。在"ONE"的基础上，建立员工对产品整体的品质观，不仅要在自己负责的岗位上做到最好，还要在监督上下道工序的品质，建立"不允许不良品质流入下道工序"和技术创新的制造思想。"ONE"的管理模式仅仅是中国工业精神探索之路的一小步，中国工业精神的发展任重而道远。

在工业生产中，面对相同的工业原料，以质量精神、效率精神为指导，才能更好地发挥蕴含在工业原料中的产业价值。其中，不但有追求卓越品质的质量精神，还有在生产过程中与时代共同进步的文明精神。工业生产广泛运用机器、人造材料、近代能源等近代先进生产资料和科学管理方法，进行社会化分工协作，生产专业化、集中化、规模化和标准化。在工业生产的过程中，体现出了尊重科学、重视技术和教育的科学精神。科学技术成果是工业发展的动力和智力支持，工业发展需要更为实用、先进的工业科技，需要在工业发展的文化成果中注入优质的工业精神。工业化集中、规模化的生产方式要求生产要素自由流动，科技进步要求激发人们的积极性和创造性，这就从意识形态和制度方面要求促进自由、平等竞争和保护产权。在工业化的经济总量已经达到了相当高水平的今天，中国工业的生产方式，特别是从工业文明角度考察，仍存在重大缺陷，中国工业化仍有很长的路要走。

综上所述，工业精神的内涵，可以理解为在工业化过程中产生和发展的理性态度和道德文化追求，这种理性的态度包含整体意识、合作观念和实证精神等方面，道德文化追求包含职业素养、社会责任、契约意识等方面的内容。工业精神的外延，与时代精神和民族精神相交融，在当下体现为创业精神、创新精神、工匠精神等方面。

第二节　职业文化与创业精神

当今时代，文化越来越成为民族凝聚力和创造力的重要源头，越来越成为综合国力竞争的重要因素。在国家的工业建设中，工业运行中的每一个人员拥有良好的职业文化素养就是拥有了工业劳动的竞争力。人们长期从事某种职业，在这种职业活动中就会逐步形成一种相对固定的价值观念、思维方式、行为规范以及相应的习惯、气质、礼仪与风气。

在这一文化背景下，创业者在进行创业的过程中，就会受到这些因素的影响，在主观世界中就会形成具有开创性的思想、观念、个性、意志、作风和品质等。职业文化的核心内容是对职业使命、职业荣誉感、职业心理、职业规范以及职业礼仪的自觉体认和自愿遵从。理念层次上的职业文化，对从业者和创业者产生的影响是无形的、潜移默化的，这些人往往很难感受到自己所处的文化环境，常常只是在环境发生变化时，才能比较明显地感受和体会到原来职业文化的环境；而制度层面的文化，从业者和创业者都很容易感受得到，所以创业精神或隐或显地受到了职业文化的制约。

"创业者往往通过创新的手段，将资源更有效地利用，为市场创造出新的价值。虽然创业常常是以开创新公司的方式产生，但创业精神不一定只存在于新企业。一些成熟的组织，只要创新活动仍然旺盛，该组织依然具备创业精神。"① 创业精神一般应具备创新、激情、

---

① 苗敬毅．试析导入期企业的创业管理［J］．中国合作经济，2005（6）：108.

积极性、适应性、领导力、雄心壮志等性格特征。有人认为，创业者是指在有盈利机会的情况下自愿承担风险创业的人；也有人认为，创业者是一个推销自己新产品的创新者；还有人认为，创业者是那种将有市场需求却尚无供应的新产品和新工艺开发出来的人。

创业者一般都是有梦想、有野心、有实干、有坚持的一群人。敢于创业的创业者，一般都是怀着美好的梦想白手起家。梦想就成为创业路上不竭的动力，成为与自己共存亡的东西，而这种梦想又在一定程度上受到选择的职业的约束。任何两种不同的职业都不会有相同的职业文化，这种职业文化的各异性是职业文化的生命力所在。当创业者在创业过程中经历困难和痛苦，遇到挫折和失败时，要努力地抓住自己的梦想，坚持住。而对于梦想的坚持，就是对职业文化的各异性的维护，在职业文化的规范下，创业者不能随心所欲地想干什么就干什么，要受群体文化存在方式的约束。而遵循这一职业文化的群体性，以职业群体意识，表现规范的文化制度，就可能在生死存亡的边缘抓住一根浮草，坚持到梦想实现的时刻。

创业可能意味着一切都是从零开始，从无到有、从小到大，逐步形成组织中人人尊重的文化氛围和员工的共同价值观。而在这不断前进创造的过程中，面对重重的困难、强大的竞争对手、不确定的种种压力等，创业者的梦想越大就越容易突破困难、做出成绩。不想做将军的士兵不是好士兵，创业者必须有要做就做最好，有朝一日做出行业第一的雄心。一旦创业者的心理和精神得到了满足，这种内在的动力就会转换为外在的行动，为职业文化贡献力量，形成强烈的使命感、持久的驱动力，进而转化为奉献拼搏、追求进步的工业精神。对梦想的坚持离不开实际行动，离不开踏踏实实地苦干。这种实干离不开职业文化形成过程中职业精神的凝聚，职业精神的实践内涵体现在敬业、勤业、精业、创业、立业五个方面，所以，创业者必须明白创业阶段是处在一个百分之百付出也不一定有百分之一收获的阶段，无论从事何种职业，都要弘扬职业精神。不抱怨，不投机取巧，看重细节，尽职尽责，贡献自己的才智。

创业精神仿佛一种能够持续创新成长的生命力，有时在个人愿望的指引下，从事创新活动，并进而创造一个新的企业；有时也可以在一个组织内部，以群体力量追求共同愿景，从事组织创新活动，进而创造组织的新面貌。依个人愿望开展的创业，往往会成就企业家的精神，组织共同力量的创新，体现的是工业运行中的协作精神。

企业家精神是企业家特殊技能的集合，由个人创业产生的企业家富于进取精神，仿佛创业的热情和梦想如一团永恒的火苗在企业家的身上永恒燃烧。我们生活的时代，科学技术日新月异，新科学、新理论、新技术、新成果犹如雨后春笋蓬勃发展。科技的进步促进了生产力的发展，改善了人们的生活，也推动着现代社会向信息化、专业化、网络化方向发展。科技与生活的结合，知识的爆炸，促使人们不断地进行知识更新、技能更新，带给了人们不断学习的紧迫感。面对迅速变化的时代带来的挑战，为了适应社会的变化，为了能在国际的经济、科学技术与社会进步的竞争中求得生存、发展与居先的地位，企业家们不得不锐意进取，在竞争中保持不断创造的激情。在竞争中，心态对于企业家来说很重要，一个成功的企业家往往首先想到的是他要做的事情能不能做成，能不能奉献给社会。只有追求和崇敬自己的事业，专注于对社会的贡献，以乐于为事业献身的精神对事业进行顶礼膜拜，企业家才能成就大事业，这也就是企业家的敬业精神。这种敬业精神，更重要的是面对自己的事业有一种入迷和执着的心态。达到了这种心态的企业家，往往会把自己的生命融入事业中去。

创业者在向着自己的理念努力拼搏时，就形成了一种信念和理想，久而久之，就会沉淀为企业的理念和文化，依靠这种精神的支撑就可能获得成功。因此，企业家在建立企业、创造财富的同时，也在履行着社会的责任和完善自我的成长,形成了一些不可替代性的精神财富,这些精神既包括创新、精明、富有远见的开拓精神,又包括敢冒风险、有判断力和充满信心的勇敢精神,还包括乐于学习和敬业的职业精神。

创新是企业家精神的灵魂。无论是对产品的创新,还是技术的创新、组织形式的创新,企业家活动的一个典型特征就是创新。企业家的创新精神体现为能够发现一般人所无法发现的机会、能够运用一般人所不能运用的资源、能够找到一般人所无法想象的办法。创新精神的实质是"做不同的事,而不是将已经做过的事做得好一些"。这是创业者的梦想与野心的结合,所以,具有创新精神的企业家更像一名充满激情的艺术家。勇于创新的企业家一般都敢于冒险。在创新的过程中,无论是产品创新还是技术创新、市场创新、组织形式创新,都需要企业家具有敢于冒险的精神,才有可能在创业中脱颖而出,在险峰处欣赏无限风光。冒险精神是企业家难得的稀缺资源,从企业的战略制定与实施,到企业的生产规模制定,都需要企业家勇于承担决策的风险;从新技术的研发到新市场的开辟,都需要企业家敢于冒险的人格做支撑。因此,冒险精神是企业家人格的主要构成要素之一,不敢冒险的创业者很难在众人之中脱颖而出。

在创新的过程中敢于冒险,尽管有的时候,从表面上看似乎是一个人单枪匹马地硬闯,而实质上,创业需要人与人之间的合作,真正的企业家其实是擅长把社会上一些很不相同的人组织在一块儿,形成一个小群体,或者把一盘散沙组织成一个社会,也就是人与人之间的合作。这种合作精神是公平地把大家组织到一起,无私地去组织合作,不是把自己锻炼成为一个超人,而是要有非常强的"结网"能力和意识,把每个人的利益都衡量得一清二楚,让大家心服口服,大家同心协力地合作,办成一件事。在做这件事的过程中,提供源源不断动力的是企业家的敬业精神,也就是把经营企业当作自己的长远事业，以为顾客创造价值、为员工创造机会、为社会创造效益为目标，最终通过事业的改进、发展和成功来获得人生价值的自我实现的精神，把企业生存发展的战略方针时刻放在心上，面对自己的事业似乎有一种入迷和执着的心态，好像要把自己的生命融入事业中去。这种执着精神是企业家的一种本色的体现，只有全身心地专注于塑造企业的物质文明和精神文明，才能最终形成企业前进的强大推动力。

企业要想在新经济时代中不断地前进，就离不开对企业文化的创新，离不开学习的过程。企业唯一持久的竞争优势，是适应经济发展规律的文化定位。企业中的人是企业发展的立足之本，理顺了人的心态，抓住了人的精神，就掌握了企业发展的动力。而从企业管理和世界文化知识中不断地汲取知识，不断学习，以先进的文化理念指导发展，才会促进企业的不断进步，因此，学习是企业家精神的关键。学习国外优秀的经验，结合自己民族优秀的文化精华，汲取中外企业优秀的管理思路，以准确的辨析力确立适合自己企业发展的企业文化。企业发展要想走得远，企业家的诚信精神是坚定的基石。"市场经济是法制经济，更是信用经济、诚信经济。"诚信是企业家的立身之本，诺贝尔经济学奖得主弗里曼曾明确指出："企业家只有一个责任，就是在符合游戏规则下，运用生产资源从事利润的活动。亦即须从事公开和自由的竞争，不能有欺瞒和诈欺。"那些从不欺骗消费者的商家，往往是利益的最大获取者。因此，企业家还有一种必不可少的素质要求，那就是诚实守信的精神。对于企业家而言，不仅要自身遵守诚信，更重要的是要带好一批人，要有把自己的组织做成一个诚实守信的道德组织的能力。

在一个组织内部，组织共同力量创新，以群体力量追求共同愿景，体现的是工业运行中人与人之间的协作精神。作为具有社会属性的人，需要群体之间的协作和分工，特别是随着现代工业文明的发展，社会专业化分工会越来越细。有分工就必然有协同、合作，分工与合作又如一个事物的两个方面，缺一不可。分工的目的，是为了更好地团结协作，共同完成一项工作。工业时代与农业时代的首要区分就是"是否建立了有分工的组织和是否善于有效合作"，也就是说，"分工""合作"已经成为工业化的关键词。

良好的团队协作能力是工作完成的基础和保障，在个人与个人、群体与群体之间为达到共同目的，彼此相互配合，体现出的就是协作精神。"在当今这个时代，一个缺乏团结协作精神的人，是不可能取得大的成功的，是难以在社会上立足的。只有在沟通中传递信息，在交流中相互学习，才能在工作中不断完善，才会做得更好"①。其实，不仅当今如此，许多历史事实也证明了，一个单位、组织或者部门，不仅要依靠领导的殚精竭虑，还要靠员工的积极参与和响应，仅仅依靠某一个或某几个所谓的精英人士孤军奋战，而没有大军团的协作与支持，这个团队是注定要失败的。在协作的过程中，参与活动的各个方面都要明确自己的地位，主次分明，协调配合，共同开展一项工作。

在工业化时代，几乎所有的单位、部门或者组织都需要按照分工、协作的原则来安排工作，按照提高管理的专业化程度和工作效率的要求，把整体任务或目标进行分解，以良好的合作意识凝聚起人们的共同奋斗目标和共同的价值取向。在同一个目标把大家聚集起来的过程中，对每个人进行任务分配，从而让团队里的每一个成员都具有强烈的归属感和集体感。不同工作范围和职责的人或部门之间相互支持和合作，强化整体的效能，进而完成整个工作。

分工产生了效率，形成了产业化。越复杂的产品，需要的工序越多，需要的人与人之间的协作也越多。通过协作可以达成优势互补，

① 王茜．企业团队团结协作精神的重要性与培养．http：//blog. sina. com. cn/s/blog_75a469b90100qh1k. html.

减少部门、环节、岗位间出现的摩擦和冲突，增强整体的生产力和创造力。协作是任何组织存在与发展的基础，同时也是工业化生产的前提。可以说，没有团队协作，就没有现代化的生产方式，也生产不出现代汽车、航空母舰、大飞机、火箭等产品。没有协作，工业化组织分工细化就没有可能，也就不存在精密的生产线、成员之间的协同作业，也就不会产生富有共赢目的的各种组织形式。

组织的整体性，需要个人的作用来提供支持，每个人都是资源的汇聚者、信息的提供者，个人之间的相互协作是保证企业生存发展的基本要求。生存与发展是企业永恒的两大主题，而企业能否生存与发展，关键在于能否在企业内部形成一种凝聚力，能否发挥企业员工的积极性和创造性。原则、感情与共同的利益和目标，共同维系着一个企业团队的存在与走向。在管理中，如何使管理亲和于人，让管理者与员工融为一体，坚持原则，不迁就个别，互相激发灵感，既满足个人的利益需要，又能凝聚集体，最大限度地激发员工的积极性、创造性，形成积极向上的价值观和道德观是企业成功的必要保证。

因此，组织共同力量进行创业，必然要以成文的或约定俗成的日常习惯对工作规范、行为进行约束，把企业的员工引导到确定的目标上来，同时，形成团队的分工协作意识，用共同的价值观和共同的信念使整个企业上下团结，将协作精神渗透到每个员工的实际工作中去，潜移默化地形成团队协调配合的良性工作运行，进而营造积极的广泛的社会影响，树立企业的社会形象，进一步发展壮大企业。

第三节 创新文化与创新精神

创新是推动工业不断前进的动力，从技术创新到产业组织创新，从管理方式创新到各个领域的产业成果创新，机械化、电气化、信息化等一系列科技革命和产业革命，涉及经济、管理、机械、电子、电气、工业设计等千余门学科，都在"求变求新"的创新精神推动下不断进步。"创新精神是指要具有能够综合运用已有的知识、信息、技能和方法，提出新方法、新观点的思维能力，进行发明创造、改革、革新的意志、信心、勇气和智慧。"①

创新精神是科学精神的一个方面，创新就是要敢于摒弃旧事物、旧思想，创立新事物、新思想，提倡新颖、独特，同时又不违反事物发展的客观规律。只有创新精神符合客观需要和客观规律，才能顺利地转化为创新成果，在一定的道德观、价值观和审美观的约束下，创新精神成为促进自然和社会发展的动力。创新精神是一个国家和民族发展的不竭动力，也是一个现代人应该具备的素质。

创新精神本身是一个综合体，可以从微观和宏观两个层面来理解和把握。微观意义上的创新，是将一个事物精确地理解为各个部分和各种因素，对不同的部分和因素加以认识和理解，学习各个部分、各种因素的知识，通过隐性知识和显性知识的相互作用与相互转化，而不断产生新知识，再把其他事物的各个部分和各个因素的优点和特征拿来参考，糅合到需要创新的事物中去。在工业运行中，进行知识创新，"就是要找到解决问题的新思维、新方法，构建的新理念、新制度、系统化的新技术、新成果等。在企业运行中，将知识资源构成新文化与新制度，在相关领域构建出新的思维和解决方案，并最终落脚在产品与技术层面，以新产品、新服务、新技术、新流程等表现出来，得到企业核心价值力和竞争优势"②。创新的企业文化，重视知识的重要性。如何判断知识的正确性，靠的就是人的创新品质。这就要求创新者对不同事物各个部分、各种因素都有很详细地认识和

---

① 骆冬燕. 大学创新与创新人才培养的思考 [J]. 中国电力教育，2010 (32)：22.
② 刘祺. 基于企业家精神的企业知识创新动力机制研究 [D]. 济南：山东大学，2015：15.

理解，为创新行为做准备。发散的创新思维、较高的创新素质、强大的创新能力，能帮助人客观理解不同事物各个部分、各种因素的共同点，在认识的过程中，对知识进行质疑和推敲，在复杂的现象中找出创新对象的本质和规律，正确地认识和掌握知识，发现事物间的矛盾，分离表象、透析本质，得到创新型的成果。相对于微观意义上的创新，宏观意义上的创新就是"在认识事物整体的基础上，将创新事物的各个部分、各个方面，抛开经验上的理解，找出本质上的差别和共性，剔除差异，结合共同点进行创新活动"①。在企业的发展过程中，企业家是主导企业的灵魂。作为整个知识创新过程中的主体，企业家在知识创新思维模式的构建和深化、知识创新实现方式的优化、知识创新成果应用于实践过程等阶段，完整地体现着企业的创新行动内涵。这种创新行动需要更加渊博的知识、更加敏锐的洞察力、更加开阔的思想。在微观与宏观两个层面上把握创新精神，将知识创新作为企业发展的动力进行发掘，有助于推动创新文化的发展，从而发现新的理论和学说，取得创新型成果。

创新精神是一个有着多因素的综合体，最容易被理解的就是工业活动中人的创新能力和创新行为，这只是创新文化在工业运行中反映出来的表层内容。创新得以实现，除了创新能力和创新素质，更重要的是有创新心理活动的内在驱动。创新精神属于科学精神和科学思想的范畴，是进行创新活动必须具备的心理特征，包括创新意识、创新兴趣、创新胆量、创新决心以及相关的思维活动。创新精神体现出行为者的创新精神面貌、创新心理特征，创新心理活动使得人们对客观知识加以理解和学习，在此基础上实现创新活动。创新行为活动离不开坚持不懈的精神和坚强的意志，这些心理特征帮助行为者克服困难和挫折，完成创新活动。创新理性、创新需要和创新能力

---

① 孟恒. 论企业文化中的创新精神 [D]. 武汉：湖北大学，2014：4.

属于创新精神人格要素的范畴。

企业家对创新的强烈意愿、预期和动机是创新理性，他们不安于已有的企业运行状态，对企业的经营与发展有更新的需要，追求开拓进取，通过革新思维模式和运行模式，创造更大的价值，在追求发展和更大的成功的过程中展示出创新能力、成功的愿望以及敏锐的洞察力，为企业发展提供源源不断的动力源泉。"这种持续的创新精神和创造能力作用于企业，使其拥有不满足于已有经营现状的动力，不断进行企业发展战略与策略的调整，应对企业环境变化。正是这种创新精神构成了企业知识创新动力的核心"①。有了创新的动力，企业就有可能向着更大的利润方向发展。发明家根据科学家的原理发明了新鲜事物，企业家使之产业化。从诺贝尔、爱迪生到乔布斯和比尔·盖茨，他们都是从创新者、发明家发展成为企业家的，创新铸就了企业家的灵魂。创新精神不仅要求创新理性、创新需要和创新能力，还可以从科技创新、制度创新、组织管理创新等层面加以考察。

科技创新是指创造和应用新知识和新技术、新工艺，采用新的生产方式和经营管理模式，开发新产品、提高产品质量、提供新服务的过程。科技创新是为了研究和学习新的科学技术，认识新的科学知识，创造出新的产品，所以科技创新往往带来产品的升级换代，是产品在企业发展过程中发挥竞争力的优势所在。信息的高速发展，促进了科技知识的飞速发展，企业获得最新信息的速度大大提升。在这一国际环境下，更快地进行科技知识的创新，有助于工业运行获得更多的优势和竞争力，在国际竞争中拥有更多的话语权。

制度创新是在科技创新的基础上，对企业创新文化的宏观建构，发挥工业运行中人的主观能动作用。从管理者到执行者，从工业运行的内部发掘能够激励工业运行人员的企业制度，从内在驱动人的创

① 刘祺. 基于企业家精神的企业知识创新动力机制研究［D］. 济南：山东大学，2015：23.

新思维，提升创新者的创新能力、创新素质，使这个组织具有创新动力。通过对社会需求的组织和创造，形成更加科学的企业文化制度，在满足人们对产品的需要的同时，创造产业新秩序，形成新的经济增长动力。组织管理创新要求在肯定企业家个人创新能力的基础上，发挥其领导能力、对市场的把握能力、凝聚团体及关键决策能力，对企业整体组织管理进行创新思维。企业家通过对创新科技知识的不断获取，加入自身的感悟，并将其运用于企业实际管理与生产过程中，指引企业组织管理创新。

创新文化是要寻求创造的、不寻常的或新奇的问题与需要来加以解决，在解决的过程中，采用新科技、新产品与服务，体现出蕴含其中的人的一种意志。这种复杂的心理活动是人类所特有的，以需要为基础并以需要的满足为指向，这就是工业文化中的创新精神。创新还离不开人的广泛兴趣，爱好会促使人去接触事物，发现无限的可能性。人的创新精神不仅需要行为上的行动，更需要心理活动上的精神力量。人们完成创新活动，需要有内在的心理活动驱动，也就是我们所说的创新观念。创新观念源于广泛的兴趣和渊博的知识，创新观念是在对事物认识、对知识学习的基础上结合内心的驱动，对自我进行创新意识的开发，形成的一种强大的精神力量。坚定的信念为创新指定了明确的方向，这种信念支持着工业运行。在工业发展过程中，往往会面对着诸多的困难和挫折，成功不可能一蹴而就、一帆风顺，而需要强有力的精神力量。坚定的信念让我们在困难面前无所畏惧，坚定的信念是创新精神的坚定基石。

创新精神不仅需要坚定的信念作为内在的驱动力，而且需要在创新活动中秉承坚持不懈的毅力。毅力的根源在于坚持谋求更好的生存需求，创新精神中的坚持性，就是为了在企业文化构建的漫长过程中谋求更好的生存需求。企业文化的构建是一个漫长的过程，人的创新精神在企业文化构建过程中提供了坚持不懈的毅力和推动力。

企业文化构建过程是结合企业特点，完善企业价值观、提升企业竞争力的过程。在这个过程中，创新行为的实现靠着工业运行者充沛的精力，靠着人坚持不懈的精神，以及顽强的意志。在这个过程中，坚持到最后的信念为创新精神提供了源源不断的动力。创新过程中伴随着不同的心理态势，人难免受到情感的影响，情感调节着人的行为，改变着人对事物的态度，决定着人对事物采取的行动。在我们面对不幸时，良性情感能帮助我们调节情绪；在面对令人振奋的好消息时，良性情感能支持创新者去谋求更好的发展途径。在创新精神指导的创新活动中，良性情感为创新行为提供心理激励，更容易为创新行为提供创新思维和创新思考，提高创新活动的效率。因而，在创新精神活动中，人的情感和态度非常重要。态度是人对于事物的看法和采取的行动。只有正确的情感和态度，才能在创新行为中加速企业创新者对事物的认知和对知识的学习，激励创新者孜孜不倦地学习，为创新行为做好准备。

兴趣使人对事物产生相当大的好奇，增强克服困难的勇气和信心。在创新活动中，勇敢的精神激励我们开拓创新，为创新成果的实现创造条件。创新不是异想天开，而是需要更多地探索与实践。创新活动会面临着诸多风险，面对未知的风险，人们可能会恐惧，而正是这些未知的事物，又激发了具有勇敢精神的人去尝试和探索，可以说是对未知事物的好奇激发了人们探索的勇气，克服了对风险的恐惧，勇敢是对恐惧与信心的中和。自信心在行为表现上体现出强大的创新能力，自信的人能承受更大的恐惧，在承担痛苦方面也会表现得更加出众。在创新活动中，个人的自信是解决创新活动中遇到的各种困难和挫折的有力武器。能否克服困难，自信是关键。在自信的基础上，敢于尝试新鲜事物，敢于对未知进行积极的探索，勇敢的创新是为了谋求更好的生存需求。在创新活动中，勇敢的精神激励我们开拓创新。而自信的人，会激发内在的创新心理，为创新提供原动力，通过调节控制自己的态度，对自身行为做出正确的决定。

创新活动就是对已有事物提出质疑，以怀疑的精神参与工业运行，发现更有效的解决问题的办法。在这一过程中，兴趣驱动着人认识事物和研究事物，进行创新思考、提出质疑，从而创造性地提出解决办法。创新精神既需要广泛的兴趣，又需要专一的爱好。同时，质疑精神从反面为工业创新活动提供了切实有效的方法。没有质疑，事物就会一成不变，无法发展和进步，思想也会止步不前。过去是正确的事物，随着时间的发展，可能就会变成错的事物。当一个人对某一事物充满兴趣，在兴趣的推动下，就容易产生质疑，敢于打破习惯，突破僵化的思维方式。人一旦对某一事物产生兴趣，就更容易发挥自己的聪明才智，对事物的观察更加敏锐，感知更加活跃，注意力也会更集中、更持久。因而，抱有质疑的精神才会让创新精神永闪光芒。拥有更多自信心的人，更容易对传统和权威发出质疑之声，更勇于去尝试新鲜的事物，以不懈的努力和坚定的信念进行创新活动。

第四节　品牌文化与工匠精神

在现代工业社会，效率是第一原则。虽然在工业精神中强调合作精神、契约精神的核心地位，但作为工业社会首倡的效率精神，是参与工业运行的每个企业都要追求的。然而，任何一种产品都有生命周期，不论多么货真价实、经久耐用的产品都不可能永远畅销、长盛不衰。这就要求企业在追求效率的前提下，注重产品品牌的建立。品牌，在产品本身的价值之外，隐含着更深的某种价值认知，具有超越产品使用寿命的顽强生命力。虽然品牌的建立需要相对长的时间投入，与企业对效率的追求似乎存在矛盾，但是品牌的发展规律，不受产品生命周期和时空地域的限制，可以实现基业长青、历久弥新。在企业品牌建立的过程中，熔铸在品牌中的专注、诚信、精益求精、追求完美的精神，是工匠精神的体现。

工匠精神可谓古已有之，据辞海解释，"工匠"指的是有一定工艺专长的匠人。《说文》里记载："匠，木工也。"《周礼·考工记》曰："百工之事，皆圣人之作也。烁金以为刃，凝土以为器，作车以行陆，作舟以行水，此皆圣人之所作也。"中国历史上过去有四大阶层"士农工商"，"工"即工匠。中国古代很多发明创造皆出自能工巧匠之手，他们为世界贡献了灿烂的物质文明，对后世产生了巨大的影响。"匠"在今天已经成为心思巧妙、技术精湛、造诣高深的代名词。"工匠精神伴随人类改造世界的活动产生，在满足人类物质生活需要的过程中，不断提高自己制造、使用和改进工具的技艺和能力，在这一过程中形成了技术和工艺的不断进步。"① 匠人们用自己对工作的挚爱与专注、坚持与追求，推动着技术与工艺的进步，工匠的集体成长中孕育出了内涵丰富的工匠精神。而在当下，工匠精神是工业文化的重要表现形式之一。"工匠精神正是在工匠技艺和品德传承中形成的文化，是爱国和敬业精神的集中体现。"② "工匠精神指向的制造不仅是严格地按照技术标准和生产要求机械地重复和模仿，更在于按照近乎严苛的技术标准和近乎挑剔的审美标准，以良好的精神驱动和技艺经验，一丝不苟地赋予产品质量和灵魂。"③ 工匠精神是工匠对自己生产的产品精雕细琢、精益求精、追求完美和极致的精神理念。

开启了"工业 4.0 时代"的德国，在工业发展中一直保持着强

① 袁继红. 工匠精神：提升工业软实力的文化钥匙 [N]. 南方日报，2016 - 07 - 30 (2).
② 王新哲，孙星. 培育工匠精神 建设制造强国 [J]. 西北工业大学学报（社会科学版），2016，36 (3)：22.
③ 王新哲，孙星. 培育工匠精神 建设制造强国 [J]. 西北工业大学学报（社会科学版），2016，36 (3)：24.

大的品牌魅力，其根本正是在其工业发展过程中一如既往地坚持着工匠精神，而德国的工匠精神是植根于其文化传统之中的。与中国相似，德国早在中世纪就有了"工匠"，当时这个名称指技艺高超的手工业者，被称为"师傅"（Master）。受到基督教的影响，这些手工业者将自己的职业看作上帝授予的天职，做好这份工作不仅是为了赚钱，还是对上帝最好的侍奉。强烈的责任感，呼唤着这些手工业者以高度的专注、终生的奉献、完美的追求对待自己的这份工作。这种对职业的高质量的追求，一直延续到社会化大生产时代。虽然古老的手工业者已经被熟练的技术工人所替代，但是，对职业的高质量追求精神通过社会化和教育一直不断传承。这一传承过程，正如哈耶克所言，"在历史长河中，一个民族的文化通过保持、选择和变异不断演进，为了适应环境的变化，正式的制度，如法律、组织、章程等，与非正式的制度，如行为规范、道德、习俗等，不断涌现，形成了一个民族独特的规则体系，对稳定人们的行为预期、形成共同的价值观发挥着重要的作用"①。德国工匠精神的背后，是德国的文化传统在发挥着巨大的作用，它还影响着德国民族心理，决定人们的情感定式。因此，学者葛树荣、陈俊飞在分析"德国制造"时认为，"德国制造"的四个基本特征——耐用、可靠、安全、精密——的背后是德国的制造文化，它包括专注精神、标准主义、精确主义、完美主义、秩序主义和厚实精神六个关键因素，而这些文化要素又与德意志民族的整体精神文化紧密相连，这一工业精神会不断地传承下去。德国在 19 世纪 80 年代后，通过培育崇尚严谨、精益求精的工匠精神，逐渐成就了"德国制造"的国际声誉。工匠精神为"德国制造"注入了品牌魅力，在品牌中体现着工匠们凝神聚力、精益求精、追求极致的工匠精神。德国工匠精神中体现出的专注、坚持、精准、务实，就

---

① 史世伟. 工匠精神为何在德国根深叶茂 ［N］. 上海证券报，2016 – 05 – 04.

是一名工匠应该具备的良好的敬业精神，这种以"工匠精神"为代表的严谨、踏实、理性的工业文化，对德国工业的发展提供着强大的支撑。

除了德国，日本的工匠精神也以坚定、踏实和精益求精享誉全球。日本人对工匠十分尊崇，日本工匠也有着极强的自尊心，他们把工作的好坏与人格的荣辱相联系，追求细节文化，对工作极度认真、负责。严格追求技艺的熟练精巧，对自己经手的每一件产品都要求近乎完美。秋山学校流行的《匠人须知30条》，就体现了日本工匠精神的严格。工匠精神在长期的职业劳动中，已经融入职业操守之中。日本人以数十年如一日的坚持，忍受寂寞、不计成本、苦心钻研，以自己的技术成就行业内难以企及的高度。日本的工匠精神核心在于，不以工作为赚钱的工具，追求对工作的执着、对所做事情和生产产品的精益求精、精雕细琢。

德国和日本的工匠精神，在世界享有盛誉。其实，中国的传统文化中也十分崇尚和尊重"技术人才"，很多书中描述和记载的那些"艺不压身""一技之长""独门绝技""独具匠心"等情景和与之相对应的人物，都是对一个人在某一行业的高超"技艺"的讴歌和赞颂。这就体现出了工匠精神的第一个层面——技艺。工匠精神依托于匠人的技术水平，工匠的制造能力和技艺是累积式的渐进和改良，在长期的技术实践经验和对技术方法的思考基础上，对前人的技艺进行不断的改良式创造，达到"青出于蓝而胜于蓝"的功效。从中国优秀传统文化中寻找和弘扬工匠精神，既有历史的基础，也有现实的要求。

2014年12月，桐乡蓝印花布印染技艺被列入第四批国家级非遗名录。根据历史记载，蓝印花布技艺早在秦汉时期就有，在唐代夹缬基础上演变而来，到了宋代，工艺日趋成熟。随着南宋建都临安，大量能工巧匠集聚江南，使蓝印技艺得到长足的进步。在宋元时期，蓝印花布被称作"药斑布"，明清又称为"浇花布"。这一传统技艺的流传，虽然受到历史的影响而颠沛流离，但于1846年创办的丰同裕染坊却把这珍贵的技艺保留了下来。被抗战毁坏的丰同裕染坊，在2003年随着桐乡市丰同裕蓝印布艺有限公司的成立，恢复了"丰同裕"老字号。蓝印花布技艺在新一代工匠的手中又重新焕发了光彩。这家老字号的工匠们以"源于自然，根于传统"为企业发展之本，继承传统、不懈研究，推陈出新，尽显工匠高超技艺。

与朱金木雕、泥金彩漆、金银彩绣"三金"并称为宁波传统工艺品"四大瑰宝"的宁波骨木镶嵌工艺，有数千年的艺术传承。骨木镶嵌工艺非常考究，环环相扣，配料、锯花、嵌贝、磨平，每一道手工活都不能马虎，否则就会功亏一篑。工匠们想要做得精致，更是需要细心、耐心加灵性。正因为如此，骨木镶嵌的每一件成品都需要花上工匠多日的精力，小到一个笔筒，需要耗时一日左右；大到一套桌椅，要耗时半年时间，并且每件都独一无二。这门有着两千多年的传统古代工艺得以在工匠们的手中保留和传承。

在实践中，工匠们不断将知识技能和实务操作相融合，不断完善技术和技艺水平。在工业活动中坚持一丝不苟、精益求精，对自己的技术水平不断提升，以过硬的本领确保每一个产品部件的质量，对产品采取严格的检测标准，以过硬的技术保证产品的高标准。2010年，安吉白茶手工炒制技艺经过国家非遗认定，成为国家级非物质文化遗产之一。坚持手工炒茶三十多年的陈达有坦言，手工炒制白茶看似简单，但需要注意的细节非常多，工序也有讲究，学成十分不易。尤其需要在看似简单的手法中，不断变化手型，用力轻重适中，感受水分的多少和炒制的时间，是一门需要不断实践、不断完善的手艺。

在追求技艺的过程中，需要精益求精的态度，"凡作传世之文者，必先有可以传世之心"，只有把工具看作思想的载体，才会注意产品制作的每一个细节，期望它更完美。这就是沉淀于工匠精神之中的道德精神，工匠精神以追求至善至美为价值导向，在工匠逐渐走向工业化的过程中，追求工艺的完美，是真善美的统一。在从学徒到大师的技艺提升过程中，需要沉得住气的坚持和对细节的长期揣摩、雕琢，精益求精、追求极致是工匠精神的品德。在技艺精益求精的过程中，不断地提升产品的质量，注重细节，追求完美和极致，不惜花费时间精力，孜孜不倦，反复改进产品，在提升产品质量、创造品牌文化的同时，工匠获得了自豪感和荣誉感，进而不断推动着技术的创新和超越。敬业奉献精神更是工匠精神在"德"维度的基本要求。在工作中敬业、专业，打造本行业最优质的产品，创立企业的品牌，是工匠精神对知识技术的专注和对技术人员的推崇。这种专注，无论是传统的师徒模式或学徒模式，还是以高校、企业、研究机构为主要工业技术研究主体的现代模式，都强调尊师重道的师道精神。同时，在几十年如一日地从事一个专业的过程中，面对挫折，还能乐此不疲地努力钻研，仅仅靠兴趣是不够的，兴趣转移成为信仰，那就是师道精神的升华。

　　"工匠精神"对于工匠们来说，实际上是一种信仰。当兴趣成为一种信仰，工匠精神就成了一种理想主义精神，也就是对于工作的细节、点滴都尽心尽力，力争做到尽善尽美，而不是仅仅把工作当成一个养家糊口的饭碗。敬业、专业，对自己的工作有敬畏感、责任感，就是理想主义精神的表现。在这种理想主义精神的驱动下，才可能生产出优质的产品，实现企业的价值。因此，工匠精神不是从随便的一项工作中体现出来的，只有你从事的工作是听从了自己内心的召唤，与自己内心的真正志向相一致，才有可能在这个无可替代的价值利益基础上，干得过瘾、起劲，从而在产品材料、设计、生产、服务等各个方面，不断提升、不断完善，永不停止追求进步。所以说，"工匠精神"是一种崇高道德理想背后的专业精神。每个行业里面都有自己独特的专业品位和专业价值，只有进入其中，才能够对这个专业的内在品位有深刻的理解，才愿意去钻研、体会、追求，把它作为自己的梦想和信仰，并且愿意不计功利地投入，把它做到完美，这样也就形成了工匠精神。各行各业都有专业精神，然而，并非人人都能体会到这种专业精神，更不用说从这个专业里面得到一种内在的享受和快乐，这也说明了工匠精神的稀缺和匮乏是一个普遍而现实的问题。

工匠精神外化于物就是以精益求精的态度，生产出水平较高的产品，这些浸润着工匠精神的工业产品，是物质价值的载体，更蕴含着技术和精神的传承。以天台的传统木工手艺、非物质文化遗产"一根藤"为例，面对由一根藤状的木条以简洁流畅、回环穿插、极富技巧的盘曲方式构成的一块屏风，我们不禁会惊叹于这一技艺创造出来的这一巧夺天工的工艺品。无头无尾的一根藤，经过匠人之手，呈现出了整体的图案。作为天台的一项民间工艺，从祠堂庙宇的堂门、佛龛，到普通百姓人家的门窗、屏风、衣柜、茶几、凳子、镜框等，都有"一根藤"的身影。学精这门手艺往往需要三四十年的时间，而"一根藤"又是当地百姓非常喜爱的工艺制品，这里不仅仅充分体现了民间工匠的艺术才能，具有极高的艺术审美价值，更多的是蕴含着"福禄寿喜"绵延不绝的寓意。能工巧匠们用自己的技艺创造了艺术价值。还有我们耳熟能详的各种老字号产品，都以工艺之精湛，产品之精美，传承着匠人的精神。

"一花独放不是春，百花齐放春满园。"在工业文化中倡导工匠精神，就是要让每一位劳动者都能以精益求精的态度，注重细节、严谨专注，使每一件产品都能达到较高的水准，提升产品的整体标准，提高产品的品质。同时，社会还要营造尊重工匠、尊重劳动、尊重技术、尊重创造的社会制度和文化氛围。

小　结

工业精神是现代文化价值通过工业活动折射出来的一种表现，中国的工业在模仿中不断地摸索前行。当下，中国工业发展的未来之路应在工业精神的引领下，将工业文化建设融入工业化发展的全过程中。中国的工业精神离不开优秀的中国传统文化的土壤，也需要借鉴已有的国际先进经验，以兼收并蓄的态度创新工业发展理念，生成符合时代发展的工业文化理论体系和政策体系。重视科技与创新，重视理性与实业，集合社会之力，谋求多边共赢。在工业文化发展的过程中，注意吸收世界工业文化精髓，立足本国工业现实，以工业强国的爱国精神，不断更新时代的工业精神，推动我国工业文化的传承与创新。

第三章　中国工业行业文化

　　行业文化的形成与行业自身特点和原有的文化基础紧密相关。工业行业文化不仅是实践与理论相结合的产物，也是工业行业发展与从业者智慧相结合的产物。工业行业文化能对工业行业整体和工业行业成员的价值及行为取向起引导作用，能使工业行业成员从内心产生一种高昂情绪和奋发进取的精神。工业行业文化是各个工业行业在工业活动中所产生的文化现象，在工业行业实践的基础上，发挥领导者的聪明才智，尊重实践与认识的规律，才能形成较完整、深刻的工业行业文化理念。当行业文化形成的价值观被员工共同认可后，它就会成为一种黏合力，使各个岗位的成员凝心聚力，从而产生一种巨大的向心力和凝聚力。

第一节　汽车工业文化

　　汽车发明至今已有 120 余年，汽车技术在百余年的时间里取得了空前巨大的进步。1953 年 7 月 15 日，中国第一座汽车厂——长春第一汽车制造厂，在党中央的亲切关怀下、在全国人民的大力支援下，于吉林省长春市奠基。1956 年 7 月 13 日，新中国的第一辆汽车诞生，开创了中国汽车工业的历史。中国的汽车工业于 20 世纪 50 年代起步，经过近 50 年的发展，中国汽车工业取得了辉煌的成绩。"2002年，被汽车界人士誉为'中国汽车元年'。这一年，中国汽车产量突破 325 万辆，同比增长接近 40%；轿车产量逼近 110 万量，涨幅高达 55%。截至 2013 年 12 月，我国私家车保有量达 8507 万辆，比 2003年增长 13 倍，在载客汽车总量的占比已达 82.8%。近两年来，私家车数量仍在以年均 1400 多万辆的速度迅猛增长。"[①] 中国汽车技术已经逐渐逼近世界先进水平，进入汽车社会的行列。

　　汽车是由上万个零件组合的工业产品，凝结着人类智慧的结晶。汽车和谐地将科学技术与艺术相统一，体现了人们对生活品质的要求，汽车技术是构建和发展汽车文化的物质基础，它绽放着绚丽的文化光芒。作为一种凝结着人类全部智慧的交通工具，汽车极大地扩张了人们的生活半径，推动了社会生产力的发展和生产关系的变革，改变了社会的产业结构、生产和生活方式。汽车是由钢铁构成的一个物件，它具有了影响人们生活方式的生命内涵，形成了汽车文化的特有观念。在汽车的诞生地德国，推动汽车发展的美国、日本等国家，都已形成了自己国家独特的汽车文化。汽车文化是人们在制造和使用汽车的过程中，形成的一套行为方式、习俗、法规和价值观念。

　　随着中国汽车社会的形成，汽车工业文化也在渐渐凝聚。伴随着国民经济的快速发展，我国的汽车工业也在蓬勃发展。如今，汽车作为一种消费品，已走进千家万户，成为人们日常生活的一部分。买私家车就像 20 世纪 70 年代的"四大件"、80 年代的家用电器一样，成为众多家庭的目标，而这一情况在 20 年前是无法想象的。据公安部交管局公布的数据显示，截至 2014 年年底，中国汽车保有量达 1.54亿辆，机动车驾驶人突破 3 亿人。全国平均每百户家庭拥有 25 辆私

---

① 孙国君 . 中国汽车文化发展与现象［J］. 知识经济，2015（1）：71.

家车，其中北京、广州等大城市每百户家庭拥有超过 40 辆私家车。按国际标准，我国已进入汽车社会，尤其是在大城市和经济发达的地区，这一特征十分明显。这说明，我国的经济实力不断增强，人民生活水平大幅提高，同时，也反映出民族汽车工业的巨大进步。

汽车是科技与艺术的结晶，汽车文化首先体现在汽车生产制造过程中。自人类发明汽车以来，随着汽车制造技术的进步，汽车文化的形成与发展也经历了一个漫长的过程。每一次汽车技术的进步都是汽车生产者在原有基础上贡献自己聪明才智的结果，汽车发展史就是一部造车、用车的智慧史。中国的汽车工业起步期受到了外国的支持和帮助，但是，中国汽车工业从发展之初就没有过分依赖于这些外界条件，而是以自主作为行业立身之本。以中国汽车的摇篮——一汽为例，在一汽的发展史上，首先耸立的不是厂房和机器，而是中国汽车工业长子的责任、拼搏进取的精神和抗争自强的意识。文化建设是企业走向成功的关键所在，是推动企业发展的重要动力源泉。在这种自立自主的精神鼓舞下，工人们在生产中才能不断思索、创新技术，制造出越来越适合现代人需求的产品。"汽车是精神文化的载体、符号和象征物，蕴含人类社会关于造车、用车、管车的价值观念、精神导向、思想意识、情感态度。"[1] 在自主立本、技术制胜的整体发展观念下，一汽以汽车作为推动社会进步的发动机，作为推动时代科技发展的重要载体。我国汽车行业已经开始使用自主研发的发动机，掌握了开发顶级轿车用发动机的关键技术。奇瑞、吉利、长安、比亚迪、力帆等一批自主品牌企业，在全力打造自主品牌轿车方面都取得了不错的成绩。

汽车工业与城市建设相融合，成为城市发展的紧密依托。以湖北十堰为例，十堰是当年"三线"建设中为数不多的成功范例之一，

---

① 张红林.浅析中国汽车文化的培育［J］.东方企业文化，2015（11）：29.

可谓是一个因车而建、因车而兴的城市。在二汽落户十堰之前，当地没有工业基础，人民群众生活困难。随着二汽的建成和发展壮大，十堰地方汽车工业和县市区汽车零部件产业逐步发展，十堰步入了工业化发展轨道。不但如此，城市中的一条条公路和一座座厂房，都是中国自主制造汽车史的见证。在二汽建设之初，十堰市物资匮乏、交通不便，影响了汽车工厂的建设。面对困难，建设者们迎难而上，一边新修、扩建公路，一边用人拉肩扛的方式搬运物资、建设厂房，干部职工一起积极投身二汽的建设中。几十年的时间里，凝结着十堰人民汗水的一座座厂房、一条条公路也记录着十堰汽车工业的发展，同时也培育了二汽的汽车工业文化精神。在二汽建设中培育的"艰苦奋斗、无私奉献、勇于创新、兼容并蓄"的二汽精神，是十堰精神的缩影，这一精神对城市和人民来说是一笔极其宝贵的精神遗产，正在并将继续深刻影响十堰的城市发展。二汽在建设过程中不仅凝聚了宝贵的精神财富，还体现了中国特色社会主义制度的优越性，体现了工人阶级艰苦奋斗、奋发图强的精神。

随着汽车行业的壮大，中国汽车企业开始注重以企业文化塑造企业发展的灵魂。汽车企业的本职在于汽车生产，在科技飞速进步的今天，汽车企业要依托厚重积累，强化自主创新，掌握新知识、应用新技术、推出新产品，不断为用户制造满足需要、安全环保、品质卓越、服务至诚的成熟汽车产品，创造物有所值的生活享受。汽车企业承担着打造精品汽车的行业重任，也是工业强国的实践者。人类在发明了作为物质意义上的汽车的同时，形成了一定的造车和用车的观念，形成了精神指向。为了贯彻和体现自己的精神指向，就必须制定若干规章制度，以便更好地指导和规范造车、用车、管车行为。在企业的生产、管理过程中，建设具有科学决策能力、驾驭复杂经营能力和管理创新能力的领军人物，是汽车企业长期发展的大势所趋。人才的培养是企业生存的关键，打造掌握技术攻关能力、创新创造能力和专业知识更新能力的专家团队，培养一批适应新技术、新工艺、新材料、新设备，身怀绝技的拔尖人才，是汽车企业人才发展的可行之路。

汽车技术是构建和发展汽车文化的物质基础，汽车技术的发展体现了人们对生活品质的要求。"汽车文化以汽车产品为载体并与之结合，影响着人们的思想观念和行为。在汽车的设计、生产和使用中，从汽车外表到内饰，从风格到品质，都深深打下了文化的烙印。"① 在汽车发展的历程中，汽车文化的发展不可缺失。而中国汽车文化的形成明显滞后于欧美、日本等发达国家。以汽车运动为例，在国外，汽车比赛几乎与汽车具有同样长的历史，中国在 2005 年才开始国产汽车品牌与中国汽车运动联手发展。中国吉利汽车成为亚洲吉利方程式国际公开赛的汽车赞助商，为大赛提供车辆赞助，该公开赛成为中国最高级别的方程式赛事。汽车运动为汽车文化增添了一道多姿多彩的风景线。汽车运动的激烈、惊险、浪漫、刺激，不仅使成千上万的观众为之痴迷，而且使世界汽车技术的发展日新月异。在汽车运动中，不仅车手展示出个人技艺、意志和胆量，各家汽车企业也在进行着汽车设计、产品质量的角逐，这种独具特色的双重性运动，更能体现人类精英与高新科技最完美的结合，体现人类对自然的征服能力。

作为体现汽车文化的中国第一次大型车展——中国第一届上海国际车展于 1985 年 7 月 3 日在上海工业展览馆（今上海展览中心）开幕。开幕的第一天共有两万多人参观了车展。当时的报道称，"这是一次展示 80 年代汽车工业新成就、谋求汽车工业交流与合作的盛会。"从这次车展开始，直至今天，我们已经有了最能体现汽车文化的国际著名的上海车展、北京车展、广州车展及其他各级、各类车

---

① 张红林. 浅析中国汽车文化的培育 [J]. 东方企业文化，2015（11）：29.

展，但在车展上能真正地体现名车文化、名人文化、历史文化等汽车文化的要素却很少。因此，中国汽车文化真正让世界接受，无疑是任重而道远。大力培育汽车文化无论是对促进我国汽车工业的可持续发展还是对整个社会的发展进步，都发挥着重大的作用，这一点应成为全社会共同努力培育健康和谐的汽车文化的共识。

第二节　航天航空工业文化

航空事业实现了人类飞上太空的梦想，航空水平的高低不仅标志着一个国家科技发展水平的高低，而且是国家工业发展水平的重要衡量因素。航空文化包含着人类百多年来航空科技不断发展的历史，也体现着航空人在航空工业发展中形成的价值取向、思想观念和精神追求。航空科技的不断进步，预示着航空文化具有不断前进、追求科学的拼搏精神。

我国的航空工业从 20 世纪 50 年代至今，经历了六十多年的发展，从隶属于三机部、航空工业部的计划经济时代，到市场化的集团式改革，不断发展壮大。经过中国航空工业几十年的发展，航空工业文化也在不断地积淀，在价值观念、工作作风、经营理念、管理制度等方面形成了具有鲜明行业特色的文化因素。在改革开放之前，航空工业以航空工业基础能力体系建设为主要工作内容，在引进苏联管理模式和管理制度的基础上，参照军队的管理制度、管理模式，企业技术基本以仿制为主。由于缺乏规章制度和经营方针，航空企业的组织机构没有明确的分工，员工的工作积极性主要受军队作风的影响，互相之间注意协同合作，对工作的执行力度大、工作效率高。受到军队优良传统和作风的影响，"航空工业的广大员工积极发扬集体主义、爱国主义精神，艰苦创业，提出了'航空产品，质量第一'的质量文化理念"①。严密的生产组织和严格的规章制度，在当时的航空工业中形成了艰苦奋斗、吃苦耐劳、不怕牺牲、贡献国防的精神。这种精神通过思想政治工作对员工进行强化教育，用行政手段约束管理者，注重员工艰苦创业、敢于奉献精神的培养。

随着改革开放的深入，我国从计划经济体制逐步向市场经济体制过渡，直至 20 世纪末，我国的航空工业也随着改革开放的脚步逐步进行着改革。航空工业逐步从国家统一经营管理向企业自主经营管理转变，航空工业企业逐步获得经营自主权，为了缩小与国外航空强国的差距，我国航空工业企业积极进行对外合作，在计划、资金等内部管理制度方面进行了一系列的改革，形成了一系列的管理制度。与此同时，我国的航空工业企业开始注意吸收国外优秀航空工业企业的文化，着手进行我国航空企业的企业文化建设。在探索市场机制下经营模式的过程中，"我国航空工业的企业文化与管理制度开始融合，企业价值观、经营理念等也开始转变为具体、可操作的管理制度。许多航空企业在引进、消化、吸收西方先进管理理念的基础上，提出了具有自身特色的文化理念，确立了航空工业企业以客户为中心的理念"②。同时，部分企业、科研院所开始整合重组，引入竞争机制，市场意识增强，在大胆的管理创新，企业激励制度、人才培养制度逐渐形成的过程中，受到地域、经济水平差异的影响，航空工业企业在经营理念、管理风格、价值标准、行为规范等方面出现多样化趋势。航空工业的改革虽然成效显著，但仍存在着下属企业多、管理层次多、运行效率低的状况。

由于国防策略的转变和国家发展的需要，1999 年，我国航空工

---

① 杨功云. 中国航空工业集团公司企业文化创新策略研究 [D]. 哈尔滨：哈尔滨工程大学，2013：17.
② 刘洪德，杨功云. 中国航空工业企业文化演进历程与未来发展方向 [J]. 郑州航空工业管理学院学报，2010 (3)：91.

业总公司分成了中航一集团和中航二集团，两大航空集团根据市场化原则积极推进改革，在技术方面走自主创新的道路，大力推进集团自主创新体系建设。"在企业经营方面，明确了自己的战略目标，市场主体意识增强，建立了以市场需求、客户为导向的经营理念。企业的商业模式日趋完善，两大集团的部分企业改组上市，开始注重资本价值。"① 在机构改革和人员精简的同时，将企业文化作为管理制度的补充，在继承航空工业文化特色的前提下，整合以前的文化特色和各自下属企业文化，建设形成了适合自己集团的企业文化体系。中航一集团围绕"航空报国，追求第一"的核心理念，打造"积极进取，志在超越"的集团精神。中航二集团也提出了"诚信经营，品质一流"的集团理念，以"实干图强，创新兴航"为集团精神，打造"一条主线、五个着力点"的企业文化体系。企业文化以管理制度为载体，成功实现了从"经验管理""制度管理"到"文化管理"的转变，走出了一条先进文化与先进管理高度融合，企业文化和经营理念相统一的新路子。在这一阶段，航空工业的文化管理水平开始提升，企业管理者重视企业文化对企业员工激励和企业凝聚力的作用，关注企业形象、品牌和信誉度。航空工业企业文化紧密结合集团战略，以战略为指导进行文化体系的建设，形成了型号文化、质量文化、环境文化、企业形象、诚信文化、品牌文化等一系列文化体系。航空工业企业文化核心内涵始终围绕"航空报国"这条主线，在保持航空特色内涵的同时，随着时间和空间的变化而不断丰富和完善，体现了具体内容的与时俱进。其明显的特征就是创新氛围的形成，不仅是企业文化本身的创新，也是企业文化所蕴含的一种创新思维。航空工业的企业文化完全进入体系化、正规化、制度化阶段。

---

① 杨功云. 中国航空工业集团公司企业文化创新策略研究 [D]. 哈尔滨：哈尔滨工程大学，2013：16.

航空工业文化的演进，伴随着航空工业的发展，在这一过程中形成了航空工业的行业文化特色。航空工业是我国国防科技工业的一部分，因此，航空工业文化具有鲜明的爱国精神。这种献身国防、服务国防、立志报国的爱国精神，从我国航空工业发展初期就在不断凝聚。无论是刚从学校毕业投身航空工业的大学生，还是工作多年的航空专家，航空工业的工作者们都以强大我国的航空工业作为报效祖国的途径，积极投身于航空事业，献身于国防。他们以国家利益大局为出发点，以为国防提供最先进、最可靠的武器装备和最优质的服务为工作目标，以保障国家安全需要作为最高使命和价值观。这种爱国精神贯穿于航空工业文化的发展过程中，成为国防战线坚不可摧的文化堡垒。航空工业起步期，工作环境艰苦，基础设施落后，在这样的条件下，航空工业得以建立并不断壮大，靠的不仅是广大航空人的爱国热情，还有自力更生、不畏困苦的工作作风。这些航空人在艰苦条件中积极创业，面对科技高峰勇于攀登，不断探索创新之路，为我国航空工业的发展打下了坚实的基础，将爱国主义热情转化为强烈的奋斗精神，成为航空工业特色文化的核心内涵。"在目前我国航空工业大变革背景下，这种强烈的事业奋斗精神是航空工业与世界航空强国进行竞争的重要精神支柱，为航空工业的长远发展提供了原动力。"[①] 航空工业作为国防工业的重要组成部分，重点型号是其发展水平的重要标志。重点型号的发展，促使航空工业不断发展壮大。型号任务科技含量高、技术难度大，涉及多学科、多部门。型号任务要求航空科研人员在短时间内完成高质量的任务，因此，各研究设计部门、生产部门、使用部门之间必须通力合作，实现优势互补、资源共享、协作配合，以团结一致的攻坚精神，才能完成型号任务。如果

---

① 杨功云. 中国航空工业集团公司企业文化创新策略研究 [D]. 哈尔滨：哈尔滨工程大学，2013：20.

缺乏沟通和协调，他们的工作效率就会大打折扣。以型号任务的完成为基础形成的型号文化，是航空工业特有的文化内容。"航空工业广大科技人员在型号研发过程中形成的团结协作的风气和精神，使航空企业内部凝聚力、战斗力增强，最大限度地挖掘出了科研人员的科研潜力。"① 在型号任务完成的过程中，不仅凝聚成了型号文化，还建立了航空工业以质量为生命的价值观。航空产品的特殊性质决定了其质检标准的零缺陷要求。航空工业的质量文化建设从观念到行动，逐步地深入。从观念意识入手，提高航空工作者的素养，增强他们的责任心，使他们在工作中自觉地将质量意识转化成自己的工作习惯和发自内心的自我规范。在工作中恪守职业道德，诚实守信，尽其所能保障质量，坚持精品意识，追求科研与生产的互相配合，以产出零缺陷的产品为准则，追求卓越，精益求精。

随着中国航空工业"两融、三新、五化、万亿"发展战略的提出，"中国航空工业正在积极努力地融入世界航空产业链，融入区域发展经济圈，实现航空工业核心竞争力向品牌价值、商业模式、集成网络模式转型升级。在这一过程中，航空工业势必面对更加严峻的外部环境和激烈竞争"②，航空工业文化建设要在目前的基础上打造品牌文化竞争力，树立新型市场经营理念，增加企业的社会责任感，形成基于合作基础上的双赢价值观。

---

① 杨功云. 中国航空工业集团公司企业文化创新策略研究 [D]. 哈尔滨：哈尔滨工程大学，2013：20.
② 刘洪德，杨功云. 中国航空工业企业文化演进历程与未来发展方向 [J]. 郑州航空工业管理学院学报，2010（3）：93.

第三节　电子工业文化

我国的电子工业起步于 20 世纪 20 年代，新中国成立后，我国先后设立了电信工业局、专属国防工业序列的第四机械工业部，这标志着中国电子工业形成了独立的工业部门。电子工业从以军为主，转向军民结合、以民为主，经历了五十余年的发展历程。电子信息技术和种类繁多的电子产品随着改革开放，逐步地进入经济和社会各个领域，成为人们生产、生活不可缺少的一部分。电子工业改革与发展可谓日新月异，实现了腾飞。

20 世纪 80 年代，正值信息革命潮起世界、改革开放潮起中国大地的重要历史时刻，面对这场信息革命，我国的电子工业面临着巨大的挑战。在国家以加速电子工业发展作为振兴我国国民经济的突破口，把国民经济工业化和正在兴起的信息革命结合起来的政策的指引下，电子工业被摆到了战略重点位置，电子工业部门承担起了"军事电子技术装备部""国民经济电子技术装备部"和"人民物质文化生活电子产品供应部"的重任。为了摆脱军工企业的困境，当时专属国防工业序列的第四机械工业部做出了加快向民用转移，大力发展民用产品的决策。全国电子企业也按照国务院提出的要求，开始了认真地全面整顿。各企业推行经济责任制，以计算机辅助管理为手段，提高工作效率。电子行业逐步形成了一股提高工作效率、完善产品质量的企业文化氛围。行业领导者们面对用户对电子产品质量的诸多不满，积极推行全面质量管理，重视产品经营环节，鼓励员工开展技术竞赛，在确保产品质量的同时，推动技术进步和产品升级。面对国家提出的"打基础，上水平，抓质量，求效益，翻三番，超十年"的十八字总任务、总目标，电子行业迅速做出反应，全国电子工业工作者劳动热情高涨，在克服困难的过程中，形成了积极解决问题并勇于承担责任的责任文化。通过电子工业工作者的不断努力，电子元器件的质量和生产能力明显提高，标准化、系列化、通用化工作有很大进展，在电子产品的生产中也实现了转型。以收音机为例，从只能生产一种类型到可以生产五种类型几十个品种，年产量大幅增加，基本保证了整机生产大幅增长的需要和性能要求。电子行业工作者们解决了发展的问题，承担起了为人民提供民用电子消费品、满足人们高品质文化娱乐需求的责任。

这种责任意识在电子行业的传承和发扬，促使中国电子行业的科技水平不断提高。电子行业加强科研与新品开发，积极开展技术创新，广泛开展产学研联合开发和国际技术合作，广大电子工业劳动者不断向着世界科技最高水平前进，科研开发机构和科技队伍建设成了电子工业发展的重要内容。与此同时，电子工业加大技术创新、技术改造，加速推进结构调整。按照现代企业制度的要求，电子工业企业以制度创新为着力点，加速转换经营机制，以适应市场经济和国际竞争为目标，进行了一系列改革重组的工作。在重视产品质量的行业文化氛围中，电子行业以完成军工产品的质量态度，抓住产品设计、工艺管理、优质配套以及质量意识教育等多个方面，以质量服务提升电子行业品牌的市场价值，并以资源的优化配置实现行业综合实力的不断增强。电子行业科技创新的自主开发和超前开发，不但增强了我国电子产品在国内外市场的竞争力，同时也为我国电子品牌向国际化、现代化、市场化迈进打下了坚定的基础，在电子工业中形成了创新的文化氛围和工匠精神，电子行业工作者们通过科研开发活动使中国电子工业多个技术领域不断地取得了新的突破，在积极向上、团结拼搏的良好氛围下，取得了一项项先进的科技成果，创造出一个个"中国第一"。通过持续的产品创新和市场创新，我国的电子品牌具有了向形象鲜明、具有核心价值和美誉度的国际一流品牌冲击的可能。

　　技术创新体系的健全和完善，需要高水平的技术开发条件和科研环境作为技术保障。21 世纪以来，面对"入世"的新环境，面对全球化竞争和科技迅猛发展的挑战，中国电子行业以改革开放和创新为动力，全面融入了全球经济一体化，电子行业的创新发展进入了新阶段。电子行业发展以市场为导向，坚持以技术创新为立身之本和发展之源，以商品化、市场化为技术创新的根本目的。在坚持创新发展自主产业的同时，电子行业重视国际合作，不断焕发生机。电子工业的工作者们在加强国际合作，增强国际竞争力的实践中不断地学习、总结，不断地提高自身的科研能力和技术水平，形成了电子行业的学习文化精神。在不断地学习中，加大与国际市场接轨力度和辐射面，扩大中国电子行业的影响力，拓展中国电子工业的发展空间。电子工业以开放型的技术创新体系、内外联合、产学研用一体化发展，将自主开发和技术引进相结合，独立研究和联合开发相结合，国内产学研联合和国际间联合相结合，借鉴国外电子行业的优秀经验，大力推进企业内部改革、制度创新，以技术创新带动产业结构、产品结构的调整和优化。电子工业领域涌现出一大批创新人才，他们爱岗敬业、刻苦钻研、甘于奉献，为全面提升我国电子行业企业的核心竞争能力和综合实力，进一步加快国际化和市场化步伐，做出了巨大的贡献。电子行业以人为本的劳模精神，为行业的发展提供了不竭的动力。电子工业着力自主创新，完善体制与机制变革，以科技进步培育产品竞争优势，同时，重视以先进的技术和科学的管理为用户提供高科技产品和优质满意的服务，体现了电子行业的服务文化精神，以诚信的态度，为消费者提供专业、快捷、满意的服务，是电子产品国际化、现代化、人性化，服务于现代生活，拓展未来空间的重要途径。

　　电子工业工作者敬业报国、追求卓越的文化精神，推动着电子工业的不断发展。从民族的强盛、民生的福祉、环境的关注出发，电子工业在技术、制度、管理等方面不断创新，以过硬的质量、一流的技术、团结一致的信念，服务于国防通信现代化建设。

第四节　船舶工业文化

　　船舶工业包括造船、修船、拆船、船舶配套设备制造等具体企业部门，是国家工业发展水平的一个缩影。正如恩格斯所说："现代的军舰不仅是现代大工业的产物，而且同时还是现代大工业的缩影，是一个浮在水上的工厂。"船舶工业在国家制造业中有着特殊的地位和作用。船舶工业企业，在竞争激烈的市场经济中，顽强拼搏，培育锻造了各具特色的企业精神，凝聚成了船舶工业独特的行业文化。船舶工业文化不仅具有工业文化的共性，还反映了船舶工业文化的个性。在船舶工业发展的过程中，由于历史和现实的不同，其行业文化也有不同的侧重点。

　　船舶工业就其行业特点来看，是人才、资金、技术密集型产业，船舶工业结合密集劳动与高新科技、艰苦体力劳动与高度科学管理，对行业人才的素质要求是多层面的。因此，船舶行业人才竞争十分激烈，行业中形成了因材施用、唯才是举的文化氛围。船舶工业需要技术过硬的专业型人才，在具体的技术环节，需要让真正有才的人才尽其用、用有所成。而船舶工业由于工作条件相对艰苦，对人才的吸引力很低，造成了船舶工业人才引进难度大的困境。人才，在科学蓬勃发展的今天，在经济社会发展和综合国力竞争中的地位和作用显得日益突出，在船舶行业发展中成为永不枯竭的动力之源，谁掌握了人才这个第一资源，谁就能永续发展、长盛不衰。重用人才，在船舶行业文化中不仅是一句口号，而且真正落在了实处。因此，船舶工业重视技术水平高的人才，在有计划的储备人才的基础上，重视发展员工、培育人才。人是企业文化的主体，企业中的"模范人物"是企业价值观、企业精神的人格化，是企业文化的基石，各行业的文化建设都重视"以人为本"的基调。为培养越来越多的与企业同呼吸、同成长、同发展、共命运的员工队伍，构建"人企合一"的文化氛围，船舶工业通过培训，让船舶工业人才的知识、技能、能力不断得到提高，积聚长远力量，更好地发挥人才的作用。为保证人才的质量，船舶工业严格管理制度，形成学习型的企业文化环境，在船舶工业行业中，让每个人都努力学习，从班组、到车间、到管理层，职责分明，以科学有效的管理制度发挥人才的最大作用。为想干事、能干事、干成事的人才虚位以待，为他们发挥作用、施展才华提供更加广阔的天地，让他们人尽其才、才尽其用、用有所成。

由于对人才的重视，目前我国船舶工业基本掌握了世界上较为先进的研发和生产技术。但是，我国船舶工业在产业结构中还存在着企业规模小、集中度较低、产业结构不合理等问题。船舶工业是外向型企业，产品除了有较大的国内市场外，还有广阔的国际市场。所以，船舶工业在重视人才的同时，还在加快我国船舶工业产业结构调整，不断探索国际型的发展战略。面对经济、科技全球化的发展趋势，努力提高对外开放水平，是中国对外开放的一项长期的基本国策。船舶工业以积极的姿态走向世界，在工业文化中体现了全方位、多层次、多领域的对外开放格局。从20世纪80年代我国船舶工业主动参与国际竞争，扩大船舶出口以来，船舶工业形成了立足国内、放眼全球的发展战略。

"我国船舶工业不仅从空间上树立国内、国际两个市场的观念，而且从交易客体上树立产品、技术、劳务、产权、信息等多样化市场观念"①，船舶工业文化全方位开放的大市场观念逐步形成。我国船

---

① 郭强. 中国船舶工业企业国际化研究 [D]. 哈尔滨：哈尔滨工程大学，2005：99.

舶工业在统筹规划船舶工业的国际化发展的目标和方向的过程中，集中力量解决提高自主创新能力等船舶工业国际化发展中的薄弱环节，形成了效率为本、能力先行的行业发展共识。船舶工业通过大型造船设施的投资建设，解决了出口船舶建造能力不足的问题。同时，船舶工业行业敢于打破地区、行业、所有制的界限，推进船舶工业企业间多种形式的调整或重组，提高产业集中度，在船舶工业发展中形成了规模化和专业化的发展方向。

从事船舶工业的人一般都具有吃苦耐劳的精神，因为船舶工业中的大部分工种都是苦、累、脏、险的工种。从三线时期发展起来的船舶工业，继承了艰苦奋斗、默默奉献的三线精神，这种精神在我国船舶工业的发展中不断被强化，代代传承，凝聚成了我国船舶工业文化的精髓，推动着我国船舶工业的发展。虽然船舶工业科技的进步对船舶工业的工作环境有所改善，但是船舶工业文化的奋斗精神并没有磨灭，反而在船舶工人艰苦创业、创新发展的过程中赋予了拼搏进取、开拓创新的新内涵。奋斗精神文化为船舶工业企业的发展提供了强大的精神支撑，成为行业发展的动力源泉。以广州地区的船舶工业企业为例，"同舟共济、创造奉献"的广船精神，"敬业协作、创新自强"的文船精神，"团结、奋发、求实、争先"的黄船精神，"团结拼搏、求实开拓"的西船精神，"艰苦奋斗、团结拼搏、求实创新、勇争一流"的桂船精神，"团结、求实、开拓、进取"的华机精神……这些铿锵有力的企业文化精神，都闪烁着军工精神的光彩。船舶工业依靠着这种拼搏奉献、卓越创新的行业精神，在船舶工业企业走向市场经济的海洋时，发挥出特殊的凝聚力、激励力、约束力和导向力，形成了行业的自豪感和使命感，创造出了行业的辉煌。船舶工业在 21 世纪尤其需要弘扬这种具有强烈传统文化底蕴的行业精神，与时俱进，发挥以军工精神为特征的企业精神，通过概括、提炼、升华行业精神中更加富有个性、特色和时代性的精神文化。

船舶工业是对建造、管理、检验等要求十分严格的行业，在进入信息时代的今天，科学技术的创新已经成为决定国家船舶工业竞争力的最重要的因素，船舶工业形成了重视科技、发展创新文化的氛围。船舶工业企业重视基础设施、科研设施和科研队伍的建设，在打造高水准创新平台的同时，注重科研成果的转化，发展科技型企业，促进产业结构调整和创新，发展创新文化，培育创新精神。目前，我国船舶工业与先进造船国家的差距，最突出的就是技术水平的差距，制约我国船舶工业的快速发展的根本原因也在于船舶设计、建造技术的相对落后。因此，我国船舶工业发展应立足于科技进步的基础之上，以建立有效的技术创新体系，加速科技进步，推动我国船舶工业的快速发展。我国船舶工业要在未来强手林立的竞争中求得生存和发展，要通过科技实力和科技水平的竞争，科研开发能力和生产效率的竞争，先进管理方式和高新技术应用的竞争，才能获得世界船舶市场的地位。在提升船舶工业核心竞争力的过程中，文化建设不可忽视，在科技创新的同时，实施品牌战略，提升船舶行业产品形象和工业整体形象，搭建创新文化建设的平台。

船舶工业企业面对着复杂的内部和外部关系，面对着工艺、标准、产品、客户等一系列不断更新的要求，需要以良好的文化氛围和文化环境应对一次次新的文化冲击与融合。船舶工业是传统工业与朝阳工业的结合体，在船舶工业文化形成的过程中，始终要面向现代化、面向世界、面向未来，以和谐发展为船舶工业文化的发展方向。由于船舶工业的艰苦工作环境和高水平的技术要求，船舶工业文化更要以人为本，注重促进人的心理和谐，注重人文关怀和心理疏导，加强心理健康教育，引导员工正确面对困难和挫折。

第五节 石化工业文化

石化工业是关系国家经济命脉和安全的支柱产业，在促进国民经济和社会发展中具有重要的地位和作用。我国石化行业经过三十多年改革开放的快速发展，已经形成完整的产业体系，以生产世界上25%左右的化学品位列世界第一，产业规模也已跻身于世界石化大国行列。但由于产能粗放，我国在高端化学品市场上占据的份额不多，在国际石油市场上缺乏话语权，总体竞争力不强。尤其是高端化学品已成为制约我国制造业升级的重要因素，突出暴露了我国石化工业创新能力不强、技术积累不足的矛盾。在石化行业由大变强、产量提升的同时，行业文化的提升也迫在眉睫，一方面，政府加大力度积极参加全球经济治理，努力推动建立国际经济新秩序；另一方面，石化行业自身也在不断提升石化工业文化。

石化工业分石油炼制和石油化学工业，石油炼制为工农业、交通运输业和国防军工业提供燃动能源，石油化学工业广泛应用于国民经济和人民生活的各个方面。石化行业是增强我国综合国力的重要组成部分，国有石化企业承担着发展壮大特大型国有企业历史使命的同时，也致力于产业报国。因此，石化企业鼓励员工在工作中融入振兴祖国石化工业、爱岗敬业、产业报国的工作热情，形成了石化行业浓厚的爱国主义文化精神。以爱国的热情投入石化行业的生产工作中去，爱岗敬业，奋发有为，勤勉自励，不断满足国民经济发展对油气资源日益增长的需求，维护国家的经济安全和能源安全，为增强综合国力做贡献。

石化工业作为能源、基础原材料产业，为人类物质文明的发展做出了巨大的贡献。然而，其有毒有害、高温高压高排放、易燃易爆易污染的行业特点，又给人类带来了很多负面的问题。如何趋利避害，使化工行业适应新文明的发展，更好地造福人民，是石化工业文化建设的重要内容。石化工业文化强调以安全为前提，形成了石化行业的安全文化。安全文化贯穿于石化行业的整体工作安排和每一个具体的工作环节，在各级管理人员的工作汇报和工作总结中，安全内容是排在第一位的。石化行业对于安全生产来说，已经被当作一种投资、一种福利来看待，石化行业的员工在工作中严格执行安全生产责任制，不违规违章，积极参加安全教育学习，把安全生产落实到生产的具体环节。石化行业的安全文化形成于员工生产、经营、管理、发展的实践，在行业领导的管理下，逐级推进、环环相扣，使石化行业的安全文化在基层发挥和领导决策的共同作用下不断完善丰富。

艰苦创业是我国石化工业从小到大、从弱到强发展历程的真实写照。尤其在我国跻身于世界石化大国之后，在国内外市场竞争日趋复杂激烈的形势下，石化工人更要继续发扬艰苦奋斗的精神，顽强拼搏，自强不息，力求避免决策失误。发展，赋予了石化行业不断前行的动力，只有抓住发展这个第一要务，坚持用发展的观点解决前进中的问题，才能实现石化行业整体水平的提高。石化工业的员工们，在工作中常常面对着各种艰苦的条件和困难的局面，他们以锐意进取的姿态，努力克服困难，积极拓宽发展思路，创造发展条件，永不满足，创业永恒。石化行业今天的成绩是员工们以始终不渝地追求一流的创业精神，对待每一项工作，不断进行新实践的成果。

石化资源是会枯竭的，石化行业要想实现可持续发展，就必须创新和开放，因此，我国石化行业呈现出创新开放的文化特点。目前，中国石化工业还处在发展的起步期，多以模仿为主，多是把别国的技术引进来进行转化吸收，缺少自己的技术要素、技术贡献。科学技术是第一生产力，依靠科技进步才能促进行业发展。石化行业以超前的意识加强基础性研究和应用技术的开发，掌握更多关键核心技术的自主知识产权，努力把科研成果迅速转化为现实的生产力，不断提升石化行业的核心竞争力。目前，石化工业科技创新有了很多突破，为世界石化技术史增添了不少新科技，这是石化行业创新发展的重要成果。同时，石化行业还善于学习和借鉴，通过开放发展，积极参与世界石化产业竞争与合作，广泛吸收世界石化工业的一切先进成果，从而形成具有中国特色的石化工业文化。学习是创新的重要基础，石化行业提倡全员学习、终身学习，鼓励职工不断学习业务知识，提高自身素质，把学习当作行业创新的重要途径。石化行业在提高科技水平和管理水平的过程中，始终讲求科学，实事求是，勇于实践，开拓创新。石化工业企业"走出去"，虽然已经取得了初步成效，但国际化程度仍较低。海外投资现已扩展到油气勘探开发、生产销售、管道运输、炼油化工等多个领域，工程技术服务业市场规模不断扩大，自主开发市场能力不断增强。石化工业的创新发展，需要通过协调资源、环境、社会等多方的利益，以开放的姿态，积极沟通协商，体现出石化工业协商民主的文明。"石化行业科技创新的关键是始终坚持解放思想，实事求是，与时俱进的思想路线，坚持求真务实，力戒形式主义，从而形成了一支高素质的行业队伍"[1]。在石化工业以化工技术造福人民的同时，体现出了石化行业尊重人的尊严与权力的道德文明。

中国石化工业正在探索一条绿色发展的道路，以生态文明进行石化工业生产。有专家推测，如果世界上所有人都像日本人那样生活，则需要 2.3 个地球，像美国人那样生活，则需要 5.7 个地球，有限的资源要想满足无限的生产需要，只有倡导绿色环保的生产文化。"我国石化产业注重采用当今世界石化行业先进的新技术和新工艺，推行清洁生产理念，从原料采购到生产组织并延伸到产品销售的全

---

[1]　梅雪莲. 战略视角下石化企业文化建设研究［D］. 天津：天津大学，2010：27.

过程，注重从源头严格控制'三废'的产生和排放"①。我国石化行业重视可持续发展的绿色行业文化之路，以行业和企业的自律、政府和社会的他律为基础，确保石化工业的绿色可持续发展。我们只有不断地赋予石化工业新的文化内涵和新的文明特质，才能趋利避害，让石化工业更好地造福人民。因此，我国石化行业凝聚出了浓厚的奉献精神。王进喜、王启民、秦文贵等先进模范是全行业的榜样，他们的精神鼓舞着一代代的石化人为了石化工业竭诚奉献，越来越多的优秀人才涌现在石化行业中。员工为企业奉献，就是为企业创造出更多的价值来回报社会。石化行业通过合理利用国内外资源，以持续有效的生产经营为社会、客户提供优质安全清洁的石油、天然气、化工产品以及优质的服务。石化人努力保护和改善人类赖以生存的自然环境，不断提高人民的生活质量，为社会的繁荣和经济文化的发展做出了自己的贡献。

石化工业发展到今天，实现了量的提升，在由大变强的历史进程中，必须追求从物质技术到行业文化的全面提升。在中国经历广泛深刻的社会变革的同时，中国石化工业经历着由大变强，中国石化工业文化不断成熟并走向世界。

第六节　医药工业文化

医药工业是关系国计民生的重要产业，是"中国制造 2025"和战略性新兴产业的重点领域。医药工业主要包括化学药、中药、生物技术药物、医疗器械、药用辅料和包装材料、制药设备等。我国医药工业在党中央精神的指导下，牢固树立创新、协调、绿色、开放、共

---

① 潘宏博. 石油施工企业推行 HSE 管理体系的建议 [J]. 化工管理，2013（6）：18.

享发展的理念，全面落实建设制造强国和健康中国战略部署，迎来了医药创新发展的黄金时期。医药工业在市场资源配置和政策指导下，加快技术创新，深化开放合作，保障质量安全，增加有效供给，发展医药工业成为推进健康中国建设的重要保障。

近年来，我国人民的生活水平不断提高，对健康的关注度也逐渐增强。我国卫生产业发展重点将从以治疗为主转变为以预防为主、以传染病预防为主转变为以慢性病预防为主。医药工业的发展紧紧把握这一趋势，对健康产品的研制、开发加大了力度，"发展大健康产品，支持医药企业向功能食品、特殊医学用途配方食品、化妆品以及保健、预防、治未病等领域延伸"①。医药行业发展的根本目标是提升人民的健康水平，构建可持续发展的医药创新生态系统成了关键。面对人口老龄化的现状，我国医药工业开发家用、养老、康复医疗器械，以适应人口老龄化的需要。

科技的进步促使医药工业与互联网结合，智慧医疗产品大量研发，开辟了医药工业新的发展领域，推动了医药工业健康文化的新发展。"通过大数据技术的应用，发展电子健康档案、电子病历、电子处方等数据库，实现数据资源互联互通和共享，指导疾病诊治、药物评价和新药开发，发展基于大数据的医疗决策支持系统。医药工业开发具备'云服务'和人工智能功能的移动医疗产品、可穿戴设备，各种类型的基于移动互联网的健康管理软件，能够实现远程监护、咨询的远程医疗系统，推动了医药工业健康文化的深入发展。"② 医药工业健康文化的形成需要在创造健康产品的同时，以文化创意来提升产业、产品的经济品位，即通过科技创新和文化创意的双重力量来创新医药工业生产方式和发展模式，提升医药工业健康文化的附加

---

① 曹雅丽. 八大任务支撑医药工业向中高端迈进［N］. 中国工业报，2016 – 11 – 15.（B01）
② 《医药工业发展规划指南》（工信部联规〔2016〕350 号）.

值。医药工业已经充分认识到文化生产力对其发展的重要意义，逐步开始把科技、文化、产业、市场和生态环境有机结合起来，创新医药工业业态，拓展新的市场和发展空间。以健康文化为核心，构筑多层次的全景产业链，通过创意把健康文化活动、健康产业技术、健康产品以及市场需求有机结合起来，形成彼此良性互动的产业价值体系，为医药工业的发展开辟了全新的空间，并实现产业价值的最大化。

在我国医药工业文化的发展过程中，已有几千年历史的中医药文化也在不断地为医药工业的健康文化注入活力。2015年5月，国务院印发的《中医药健康服务发展规划（2015—2020年）》指出，未来五年我国中医药健康服务的重点任务主要有大力发展中医养生保健服务、加快发展中医医疗服务、支持发展中医特色康复服务、积极发展中医药健康养老服务、培育发展中医药文化和健康旅游产业、积极促进中医药健康服务相关支撑产业发展、大力推进中医药服务贸易七个方面。在国家政策的大力倡导下，中医药预防疾病、治未病的理念与现代人重视健康的要求不谋而合。治未病的提出，让中医药文化在医药工业产业的发展中得以脱颖而出，让中医药文化回归本质。中医药企业在医药工业健康文化建设中发挥的作用不可忽视，而其本身具有的悠久历史文化更值得医药工业重视，尤其是中医药的老字号企业和产品，在为人治疗疾病、保卫健康的同时，还传承了中华优秀文化，提升了我国医药工业健康文化的含量和附加值，同时，还赋予我国医药工业传承和发展民族文化遗产的使命。中医药产业中的中医古方，是我国人民几千年与疾病做斗争的智慧结晶，这些极具医学价值和科学价值的非物质文化遗产，不但为医药工业创造了经济价值，也使医药工业传承民族文化发挥了重要作用。民族文化凝聚于中医古方之中，代代传承，如同民族的文化基因不断繁衍。"一个民族的非物质文化遗产，往往蕴含着该民族传统文化的最深根源，保留着该民族文化身份的原始状态，以及该民族特有的思维方式、心理结构和审美观念等"①。承载着中华文明的中医药产业，在深厚而系统的理论基础和数千年的实践经验基础上，适应现代医学的新模式，以维护健康为目标，在世界上的影响力也越来越广泛。随着我国"一带一路"战略的不断展开，中医药文化作为一个很好的载体，促进了我国传统文化在全世界的传播。2016 年 8 月，作为首届敦煌文博会的系列活动之一，中医药文化和健康产业国际论坛在甘肃敦煌召开。埃及、厄瓜多尔、伊朗、乌克兰、匈牙利等丝绸之路沿线国家官员以及内地和港澳地区专家学者在论坛上围绕中医药与"一带一路"建设主题，以中医药文化为核心，共同搭建中医药国际化交流合作平台。

2016 年，工业和信息化部发布了《医药工业发展规划指南》，提出到 2020 年，医药工业"规模效益稳定增长，创新能力显著增强，产品质量全面提高，供应保障体系更加完善，国际化步伐明显加快，医药工业整体素质大幅提升"的主要目标。其中，质量安全是医药工业发展的生命线，医药企业作为质量的主体，在生产、管理等各环节具有保证医药质量的重大责任。医药工业质量文化，在强化企业质量主体责任、健全质量标准体系、严格质量安全监管等各方面的合作下逐渐形成。医药企业把质量安全作为医药工业发展的生命线，采用先进的质量管理方法和质量控制技术，努力提高药品、医疗器械的质量标准，建立覆盖产品全生命周期的质量管理体系和全产业链质量追溯体系，努力在各环节有效实施质量管理，加强产品质量安全保障，在提升全过程质量管理水平的同时，奠定了医药工业质量文化的基础。同时，政府注重引导企业提升药学服务能力，加强不良反应、不良事件监测，支持有条件的企业建立与国际先进水平接轨的生产质量体系，推动重点领域质量提升。

---

① 王文章. 非物质文化遗产概论［M］. 北京：教育科学出版社，2013：72.

在医药行业质量文化形成的过程中，中医药质量标准体系的建立是一项从无到有的工程。以中药制药工艺为例，过去中药制药工艺比较简单，以水煮醇沉为主，技术落后，质量水平不高。如今基本实现了管道化、自动化等生产工艺，但是离制药技术智能化、制药过程数字化、全过程测管控信息一体化的智慧制药时代还有一定的距离。因此，需要"完善中药质量标准体系，提升中药全产业链质量控制水平，提高产品质量均一性和可控性"[①]。国家陆续"实施中药振兴发展工程，支持中药饮片、中药基本药物、中药注射剂等重点产品质量提升，制定和提升中药大品种的生产质量控制标准和产品标准，建设中药材全过程追溯体系"[②]，保证中药质量。在企业自身重视质量生产的前提下，通过国家的政策引导和鼓励，医药工业质量水平逐步提升。

医药工业作为一个多学科先进技术和手段高度融合的高科技产业群体，涉及国民健康、社会稳定和经济发展，在健康文化、民族文化和质量文化的共同作用下，正在不断提升技术创新能力，提高药品质量安全，升级产业结构。

第七节　食品工业文化

2016 年，中国食品工业完成工业增加值增长的 6.25%，高于全部工业的 5.00%，首次突破 2000 亿元，食品工业在国民经济重要支柱产业中地位非常明显。中国的食品产品日益丰富，消费需求得到了较好的满足。食品是生活必需品，消费量很大，受社会经济波动影响

---

① 《医药工业发展规划指南》（工信部联规〔2016〕350 号）.
② 《医药工业发展规划指南》（工信部联规〔2016〕350 号）.

小，对于食品工业来说，行业竞争一直都处在白热化状态。食品工业的集中度不断提高，产业链不断完善。随着食品加工技术长足的进步，在龙头企业发展壮大的带动下，我国食品自主品牌的国际影响力不断增加。

随着我国食品工业的逐渐发展壮大，食品工业的安全水平也在稳步提高，国家对于食品安全的保障在不断强化。2002年，农业部发布公告，禁止使用18种高毒的农药。2009年6月1日，《食品安全法》正式执行，2015年10月1日，修订后的《食品安全法》正式执行。2014年在上海召开的中国食品产业发展论坛上，国家食品安全风险评估中心总顾问、中国工程院院士陈君石就对食品工业提出了"食品企业作为食品安全第一责任人，要认真负责保护消费者健康、自己的品牌，要树立食品安全文化"的要求。关系亿万群众身体健康和生命安全的食品安全是重大的民生问题，既要靠政府部门有力监管，也要靠企业的道德自律。因此，食品工业逐渐形成了重视食品安全的品质文化。

俗话说："民以食为天，食以安为先。"在温饱问题基本解决的基础上，人们对食品提出了更高的要求，不但要吃得好，还要吃得安全、放心。食品行业是特殊行业，其工业化程度越高，风险越大。生产、销售假冒伪劣食品，得益的是一家，受害的是千家万户。食品工业的著名品牌企业，无不以食品品质和安全为企业的立身之本。中国酱油出口第一品牌"珠江桥"，塑造了"品质如人品，质量是生命"的品质理念，以视品质如人品的最高标准要求自己，以视质量为生命的责任保障产品的最优品质。食品安全是企业的生命线，产品质量和食品安全，不仅需要企业领导者的决心与管理者的监督，更需要员工的道德自律与企业的制度他律，使食品工业的所有从业者都以较高的道德标准规范自己的行为。当围绕质量监控的一系列制度完善之后，通过对各级员工的培训，"渗透到采购、生产加工、运输和销售各个流程和环节，就形成了企业的质量管理文化"①。

中国著名肉类企业雨润集团，早在 1993 年创业之初，就提出了"产品质量是企业的生命线"的企业理念。随着二十多年的不断发展，雨润集团形成了一套贯穿原材料采购、生产加工、仓储物流和销售系统等各个流程的质量管理和食品安全战略，成为食品工业品质文化发展的典范。以质量取胜、以诚信为本是雨润集团成功发展的根本原因。雨润集团坚信"食品工业是道德工业"，承担起了为顾客提供优质、放心肉制品的社会责任。食品安全与企业诚信息息相关，雨润集团始终坚持以诚实守信为荣，以见利忘义为耻，自觉担当了食品安全的"第一责任人"。从雨润集团由小到大、由弱变强的发展历程中，我们可以深刻地体会到企业道德文化建设的重要作用，他们的实践，为食品工业诚信体系的建设提供了丰富的启示。

食品安全文化被食品行业重视已久，随着食品安全越来越有保障，营养健康就成了食品行业新的文化关注点。虽然目前我国食品产品日渐丰富，但是人们营养缺乏和营养过剩的情况同时存在，健康食品逐渐成为食品消费的自觉选择，这就促使食品行业向着追求健康的方向发展。食品健康涉及食品的源头、加工、流通等各个环节，过去粗放的、作坊式的产业形式已经无法满足现代人对食品健康的要求，目前食品工业规模化、集中化的生产也在逐步向全产业链过渡。随着信息技术的发展，食品工业的各个环节都借助高科技手段为人民健康服务，食品工业承担着造福国民健康的重大使命。食品工业通过提供健康产品和健康服务，传播健康生活理念，逐步搭建了食品工业的健康平台，不断地提高国民生活质量。

中华民族有着灿烂的传统文化，食品工业注重传统文化与现代科技结合，中华老字号就是典型的代表。截至 2016 年 8 月 31 日，商

---

① 牛春安. 食品工业是道德工业 [N]. 中国食品质量报，2007 - 03 - 06（005）.

务部先后认定了两批"中华老字号"企业。这些企业以食品类（包括熟食、饭店、酿制类食品）为主，其他则为酒水饮料类、保健药品类、轻工工艺类。这些中华老字号"历史悠久，有文化内涵；历经优胜劣汰，品质信得过；口味独特，配方保密，是有说头、有看头、有想头，更有吃头的传统美食美味"，具有不可再生的经济价值、社会价值和文化价值。中华老字号只有专注产品本身，运用现代科技，改进产品品质，才能满足当今消费者的健康需求。以北京二商集团的"六必居""王致和"等中华老字号为例，这些老字号企业积极建设食品安全体系、改进装备和工艺水平，以技术创新谋发展。"搭建产学研平台，重点支持传统食品和中药的现代化。在保持传统工艺和风味的基础上，研发现代技术设备，实现规模化生产。同时以老字号为载体，开发新产品，不断适应社会对安全健康食品的需求"①。

对于食品健康的追求源于我国养生文化的传统，养生文化历史悠久，是中国传统文化的瑰宝之一，充满了民族智慧的健康思想和独特的文化空间。中国自古就有药食同源的文化思想，现代食品行业继承了这一思想，其中本草食品的发展，就是一个突出的代表。王老吉本草凉茶、本草保健药酒劲酒等食品企业以本草文化为着眼点，倡导回归自然，崇尚原生态的理念，紧跟当下关注健康的文化趋势。

品质决定市场，食品工业在信息技术推动下走向规模化、集约化发展，大数据时代不仅有助于掌握食品需求的动态、食品行业的现状，更是食品安全的保障。在大数据的帮助下，食品工业能够及时了解食品的安全动态，物联网技术的加入，使得食品产业链全过程透明，为食品安全增加了一份保险。

---

① 王薇，李松. 让老字号在创新中得以传承［N］. 中国食品报，2017-03-21.

小 结

文化是一个国家一个民族的灵魂。当看到我们的工业行业和发达国家之间技术、装备、研发、质量等方面的差距时，我们也要看到其背后工业文明、行业文化积累的深度和厚度的差距。工业行业文化是一个行业的旗帜，它向社会表示着一种态度。这面旗帜打出来了，就要在工业运行过程中维护它。在正确的文化理念引导下，结合工业行业的发展实际，通过广大员工的主观能动性，不断推动行业的发展。在工业行业的不断发展变化中，行业文化也随之不断地发展变化。过去的总是在不断被扬弃，不适合的被剔除，又将新创造的内容和形式加入其中。即使从表面上看变动不大，在理解和诠释方面也会推陈出新，这样才能保持行业发展的生命力。

第四章　中国工业文化与文学、影视

艺术源于生活又再现生活，文学作品、影视剧作均是在现实生活的基础上进行思考，通过大众媒介得以再现与传播。通过这些艺术形式，一方面可以探寻历史层面的发展轨迹；另一方面又会在新的时代背景下，不断再现工业发展进程中出现的新问题，以此对工业发展予以文化观照。现如今，我国已经开始进入全面建成小康社会的历史阶段，实现了工业化、现代化，更进一步完成了由农业文明向工业文明的转变，并向信息化过渡。新时代境遇下，在给我国工业发展带来新的机遇与挑战的同时，数以亿计的农村剩余劳动力向城市转移，多种所有制工业的发展会出现前所未有的新局面。另外，随着经济的交流、文化的碰撞，也将出现更为复杂的情况。这些都会通过文学、影视等大众传播载体加以再现，引起民众反思，从而更好地为工业建设提供参考。

第一节　中国工业文化与工业文学

中国工业文学着重描写了工业领域的生活，揭示内在矛盾和社会问题，记录着中国工业的兴衰起伏。自 19 世纪末中国出现早期工业以来，便开始产生反映工人生活的诗歌和小说，成为工业文学的萌芽。新中国成立之后，大规模的工业建设率先展开，在国家的文艺政策和主流文学话语的引导下，工业文学尤其是小说作为一个独特的命题，受到作家高度关注并在文坛得以迅速发展，一批批作家先后投身反映工业建设的文学创作之中。因此，梳理工业文学的发展历程，实际上就是再现中国工业的演进历史，对展望未来工业发展提供一定的参考资料。

一、工业文学的界定

19 世纪六七十年代，随着资本主义生产关系在中国的萌芽，工业生产得以兴起。至 20 世纪初，工人阶级队伍逐渐壮大，使得工人生产生活进入了作家的视域之中，开始出现了反映工人生产生活的文学作品，包括诗歌和小说，逐渐形成了在中国工业生产发展过程中的衍生物——中国工业文学。在一个多世纪的时间里，中国工业文学渐渐形成颇具特色的风格，同时也是中国工业文化的折射与载体。

马克思在《1844 年经济学哲学手稿》中曾提出："工业的历史和工业的已经产生的对象性的存在，是一本打开了的关于人的本质力量的书，是感性地摆在我们面前的人的心理学；……如果心理学还没有打开这本书即历史的这个恰恰最容易感知的、最容易理解的部分，那么这种心理学就不能成为内容确实丰富的和真正的科学。"[①] 贾玉民在《20 世纪中国工业文学史》中提出："工业文学正是对人类这一丰富的生活领域的审美观照，是对这本'人的心理学'的艺术揭示。把工业文学作为一个系统来研究，也可以说是对人的本质力量、对这

---

① 石锋. "工业中心"解构后的工业写作困境［J］. 社会科学辑刊，2012（11）.

种'人的心理学'的探索。"①

可以说，工业文学正是伴随着工业发展的历史进程兴起的以工人阶级生产生活为主要表现内容的文学作品。中国的工业历史仅有一百余年，并且经历了资产阶级工业以及无产阶级工业两种不同的社会形态，在这两种不同形态中，工人阶级的地位和生活也在不断发生变化。中国工业文学伴随着工业生产的百余年间，不断地涌现出内容各异的文学作品，并且无论是表现形式还是作家队伍，都在不断扩大，紧密地结合中国工业生产和工人生活。

二、中国工业文化与工业文学发展历程

（一）中国工业生产的萌芽与工业文学的缘起

19 世纪六七十年代，随着资本主义生产关系在中国的萌芽，工业生产得以兴起。至 20 世纪初，工人队伍逐渐壮大，使得工人生活进入了作家的视域之中，开始出现了反映工人生产生活的文学作品，包括诗歌和小说。

诸如表现在美华工、华商生活，揭露美国政府对华工、华商迫害的《苦社会》，这部作品用素描的手法，真实地描绘了华工在船舱中、工棚中受虐待的残酷情景。

清末碧荷馆主人的《黄金世界》同样是反映华工在海外受尽虐待与剥削的现实，光绪二十年二月十一日（1894 年 3 月 17 日），中美两国签订《限禁来美华工保护寓美华人条约》，简称《中美华工条约》。这是美国政府为限制、排斥在美华人而强迫清政府订立的不平等条约。此条约使得饱受欺凌虐待的在美华人处境更加艰难，引起中国人民的强烈愤慨。这部作品恰恰是以此事件为背景，内容深刻悲

---

① 贾玉民. 20 世纪中国工业文学的历程和展望［J］. 郑州大学学报（哲学社会科学版），
1997（10）.

壮。作者意在反对《中美华工条约》、反对帝国主义，主张国人同仇敌忾、共御外辱。

随着中国工业的渐趋发展，反映国内工人生产生活的创作也应运而生。如恽铁樵的《工人小史》就是其中一部突出的代表。"它作为中国文学史上的第一部反映上海工人生活和命运的短篇作品，虽用文言写成，但详细地描绘了上海工人的出身史、被压迫史、日常生活史、被虐史、牺牲史和精神史，在思想和艺术两个方面都表现了中国短篇小说从传统向现代过渡的特点，在文学史上具有一定的认识价值。"① 此外，叶圣陶的短篇集《穷愁》、毅汉的《罢工人》等作品都是这一时期反映工人生活的缩影。汪剑虹的作品《苏家布》中描写了城郊农民苏二学习西式织染，后来成为纺织资本家的情节。这些作品都可以说是中国工业诞生初期，伴随着工业生产而出现的工业文学的萌芽。

总的来看，这一时期的工业文学作品数量不多，有些作家创作的初衷并非是直指工业生产，甚至工业生产只能是作品的背景，但是这些作品却从侧面真实地反映与揭露了当时工人阶级的艰难与困苦。

第一次世界大战期间，中国民族工业得到了发展的机会，在这一背景下，工人阶级的队伍逐渐壮大起来，进入大众视野之中，并且从社会发展来看，这一时期工业生产和工人的生活状况已经成为民众关注的突出现象。

在这一历史时期，一方面由于中国工业自身的发展，工人队伍逐步壮大；另一方面，随着马克思提出的"劳工神圣"的口号的传播，对工人阶层的刻画再次进入作家视线之中，甚至形成了一股"劳工文学"思潮。在作品中充满了学徒、木匠、人力车夫等劳工形象。刘大白是"五四"时期的新诗人，其《卖布谣》同情底层劳动人民

---

① 李春光. 小说史观个案研究 [D]. 湖北：湖北大学. 2014.

的痛苦，广为流传。郭沫若的《地球，我的母亲》当中赞美工农、劳动和创造，并且表达自己也愿意投身其中。联系时代背景来看，体现了当时普遍提倡的"劳工神圣"的思想。诗歌感情奔放、气势磅礴，体现了"五四"时期强烈的反封建束缚、要求个性解放的时代精神。

除诗歌之外，小说与剧本也有涉及工人生产生活的作品。诸如郁达夫的《春风沉醉的晚上》，作者在接受了马克思主义新思想之后，视野已经从狭窄的知识分子圈子当中转向更广阔的劳动人民，并且有意识地关注普通民众的生活，书写他们在面临困境时的抗争与苦难。女作家庐隐的《灵魂可以卖吗?》描写了资本家的纱厂剥夺女工的灵魂自由，使之成为机器的附庸，更深层次地揭示了工人生活的苦难。李健吾的第一个独幕剧《工人》是他以 10 岁时独自在天津良王庄念书时熟识的铁路工人为原型进行的创作，反映了他对中国劳苦大众的同情与爱戴。这些都是这一时期工业文学的代表，揭示了当时工人阶层的生活状况，同时也使得当时的一些工人运动得以在文学作品中呈现。

总的来说，第一阶段的工业文学经历了萌芽与发展，虽然作家初步涉及这一领域，还略显薄弱，并没有真切体会到工人生活的本质，没有真实的生活体验。但仍有一些作品能够发现工人劳动存在的问题实质，并为今后的工业文学奠定了基础，埋下了伏笔。

（二）中国工业文学的发展期

如果说工业文学发展的萌芽时期，更多的是作家自发的一种零星式的书写，那么从 20 世纪 20 年代末开始，中国工业文学才算是得到了进一步的发展。

第一次国内战争促使很多作家加入革命的队伍，转变了思想观念，用无产阶级的思想武装他们的头脑，反映到文学创作当中也随即发生一定的变化。在无产阶级革命文学运动中，工业题材便是其中的重要内容之一，为此在这一时期工业文学得到了更进一步的发展，作家们开始有意识地、自觉地体验工人生产与生活，打破之前工业文学略显苍白的描述。

1927 年，蒋光慈为了纪念上海工人武装起义创作了中篇小说《短裤党》，1927 年 2 月，上海工人阶级举行武装起义，许多同志英勇牺牲。领导干部杨直夫、史兆炎总结失败教训，积极准备，等待时机。3 月 21 日，在中国共产党领导下，几十万工人举行罢工，接着又举行第三次武装起义，终于取得了胜利。这部小说是现代文学史上第一部表现中国共产党领导工人武装斗争的小说。在《咆哮了的土地》中，蒋光慈刻画了在大革命风暴来临之时，矿工张进德返回故乡并将在革命中汲取的新思想传递给家乡的劳苦大众，促进家乡民众的觉醒。作家能够在新的历史时期，站在新的高度上审视现实。

1928 年，戴平万发表于《太阳月刊》上的小说《小丰》是在1925 年广州的"沙基惨案"的背景下，讲述了铁路工人的儿子抗击帝国主义罪行，并参加示威游行的故事。此外还有李守章的《秋之汐》、楼适夷的《盐场》、刘一梦的《失业以后》、蒋牧良的《锑砂》《夜工》、夏衍的小说《泡》、草明的《倾跌》、欧阳山的《七年忌》、万迪鹤的《达生篇》、邵子南的《青生》等工业文学作品。

在这一思潮的倡导下，还有一些左联之外的作家也纷纷加入工业文学的创作之中。《砂丁》是巴金作品系列中一部独具格调的中篇小说。小说描写老实健壮的农民王升义为了赚 300 块钱来替卖身为婢的情人银姐赎身，与一群同乡应聘到"死城"（暗指个旧）挖锡矿。岂料招工人员已骗走他们每人 500 元的身家，他们需做几年的无偿劳动。砂丁们戴着脚镣，像狗一般爬进矿坑里掘矿，强的变弱，弱的累死，不堪忍受的上吊，企图逃跑的被矿警开枪打死。连日阴雨，矿坑积水，矿主不顾砂丁们的死活，把他们赶下洞去。结果矿洞塌方，将王升义一行活埋。此时，隔山隔水的银姐还在虔诚地祷告神明，保佑升义哥早日发财回乡，赎出她。小说笔致趋于写实，虽然素材皆得于耳闻，但通过艺术想象描绘出一幅幅残酷的生活画面，并辅以农家男女的爱情悲剧，相当真实地揭露了在矿业资本家敲骨吸髓的剥削下，贫苦矿工血迹斑斑的生活史。《砂丁》以锡矿工人奴隶似的劳动和被剥削的悲惨事实，揭露了资本家剥削和压迫工人的残酷现实以及工人们的血泪悲苦生活。此外，《萌芽》和《雪》也同样是反映工人生活的作品。萧军的短篇小说《货船》《四条腿的人》揭示了帝国主义统治下中国劳动人民的悲惨遭遇。

可见，这个时期的工业文学作品在数量上明显增多，并且在内容上也有大幅提升。一方面，作品中塑造的人物形象已经是真正的产业工人，涉及矿工、铁路工人、冶金工人以及纺织工人等各行各业；另一方面，作家的队伍逐渐壮大，甚至还有一些产业工人亲自描绘自身的生活体验。

20世纪40年代之后，以路翎为代表的矿区文学成为工业文学新的表达内容。1940年，路翎由继父介绍，到国民党政府经济部设在重庆北碚区的天府煤矿矿冶研究所会计室当办事员，干一些记账、填表的杂务。路翎由此接触到矿工的生活，写了一系列反映矿工生活的小说。看见了矿工们住破工棚、衣衫褴褛或赤身露体地下矿井，耳闻目睹了矿井塌方、涌水和瓦斯爆炸等惨状，"看见了它底哄闹的，紊乱的，拼命求生的景状，和坐在办公室里的老爷们底悠闲和漠不关心"，他以一种扰动不安的悲悯情怀注视着这些"把人弄得比畜生还不如"的矿区社会，创作了《家》《祖父的职业》《何绍德被捕了》《卸煤台下》等反映矿区生活的作品。这些创作是如此逼真，以至于有人认为路翎"学生出身，当过矿工"。在对矿区人物进行描写时，路翎发现了两类人物：农民型工人和流浪汉型工人。前者性格于诚实中带点卑怯，做着一种无可奈何的失落了乡土和家庭的梦；后者性格于强悍中带点野性，有时甚至带点无法无天的邪恶感，在放荡不羁的行为做派中散发着生命的强力。路翎同情前者，却更倾心于后者。

这一时期由于作家本身对工业领域的深入体察，所描绘的工人生活景象以及塑造的工人形象都要比前一时期更加丰满与细腻。

新中国成立前夕，工业文学又有了新的发展。以草明为代表的作家们发起了新中国工业文学的新声。在新中国成立前夕，草明被派到东北解放区，她深入工厂体验生活，敏锐地捕捉到当家做主的工人是社会主义建设事业最基本的力量和真正动力，并以《原动力》为题写下了新中国第一部工业题材的中篇小说，这部作品后来被译成十多种外国文字出版，受到了国内外广泛的高度评价。当年，郭沫若在看了《原动力》之后对草明说："它是很成功的作品，我是知道你费了很大的苦心来的，我们拿笔杆的人，照例是不擅长写技术部门，尽力回避，但你克服了这种弱点，不仅写了，而且写好了。写技术部门的文学，写的固然吃力，读者也一样吃力，但你写得却恰到好处，以你的诗人的素质，女性的纤细和婉，把材料所具有的硬性中和了。"草明的创作，大多有着自觉的主题选择，有着鲜明的担当意识。她始终满怀一腔热情讴歌工人、描述工人、表现工人。无论是写故乡的缫丝女工，还是写哈牡线上的《新夫妇》；无论是写张家口龙烟煤矿工人，还是写牡丹江镜泊湖电站的《原动力》；无论是写沈阳皇姑屯铁路工人自动修复机车，支援解放军入关的《火车头》，还是描写鞍山钢铁厂发展的长篇小说《乘风破浪》，这些作品以生动的笔触记录生活和历史，为我们构筑了一幅幅新中国历史进程的广阔画卷。

（三）"十七年"时期中国工业文学的演进

新中国成立之后的十七年间，随着社会主义工业建设的蓬勃发展，工业文学赖以生存的与演进的土壤发生了明显的变化，更加有力地支撑着工业文学的发展。工人队伍的数量以及地位发生了翻天覆地的变化，一些作家得以更加便利地深入工业生产领域去体验、参与工业生产与建设，从而积累更加深切与真实的感悟。

草明于 1950 年发表的《火车头》可以说是新中国工业文学的代表，作品表达了党对工人思想的改造与教育，但却遇到了诸多困难，也体现了作家当时的困惑与矛盾。到 1959 年发表的《乘风破浪》，有了显著变化，作品中描绘了炼钢工人李少祥热爱工作、积极主动，富有创造性的同时还能够从集体利益出发，顾全大局。白朗的《为了幸福的明天》同样也是创作于新中国成立初期的作品。这是一部有血有肉的作品，反映了一个伟大的时代。作品的主人公邵玉梅是一个贫苦人家捡回来的苦孩子，从小受尽了虐待，但也养成了她吃苦耐劳、朴实善良的性格。新中国的成立，给她带来了光明，她入了军工厂，得到了彻底解放，过上真正的人的生活。在共产党的教育下，她不断提高觉悟，从一个无知识的普通人，成长为工人阶级的一员。为了爱护工厂，几次光荣负伤，以致残废。但她从不灰心，总是奋力自勉，决心把自己的全部心力都贡献给人民的事业。作品的故事是以最后一次抢救邵玉梅为线索展开的，结构新颖、不落俗套，有倒叙、插叙、回忆及人物细腻的心理描写，艺术成就是很高的。这部中篇小说不仅生动地描写了英雄人物，同时还表现了中华人民共和国成立初期东北社会生活的新风貌、新风气，人与人之间的新型关系、中苏友谊，组织对邵玉梅的关心、爱护，人民对她的爱戴。篇中有许多对纯洁女性心灵美的成功描写，感人至深，催人泪下。这部作品是一部成功之作，是当代文学史上较早地描写工人生活、塑造英雄人物的成功尝试，是文学史上的优秀作品。

艾芜的《百炼成钢》是 20 世纪五六十年代工业题材小说中的优秀之作，它以中华人民共和国成立之初国民经济恢复时期为背景，表现"炼钢又炼人"这一有深刻意义的主题。作品的中心线索是平炉车间九号炉三位炉长在快速炼钢竞赛中先进与落后的矛盾冲突，同时穿插厂领导干部之间思想作风的冲突，青年工人之间的爱情纠葛，以及与暗藏的反革命分子之间的敌我矛盾。作品于错综复杂的矛盾与冲突中，描绘丰富多彩的生活画卷，展现新中国工人在革命熔炉的冶炼中成长为社会主义新人的历程。

杜鹏程的中篇小说《在和平的日子里》，描写了铁路建设工地上的工人们在进入和平年代之后如何进行新的革命建设。

《五月的矿山》是萧军在新中国成立初期写的一部反映矿工生活的小说。故事讲述了1949年"五一"节到来时，为了支援全国的解放，煤矿上开展献工活动，确定指标为5000吨，这个目标显然不能满足工人的要求（鲁东山去找领导交涉未果）。露天矿工人鲁东山不顾生病的儿女，不顾妻子的感受，毅然到矿上工作，并号召工人修了一段路（事后因未经领导同意，受到批评），扑灭了一场反动派的爆炸活动。工友杨平山提前出院，加入活动之中。台山井矿修坑道的工人张洪乐不顾妻子生产，也在大家齐心协力之下完成了坑道的修复工作。活动结束后开了表彰大会。此后因领导不重视安全，无视矿工的意见，导致杨平山等人出事故死亡。小说既展现了工人在翻身后高涨的工作热情，同时也反映了部分矿山领导的官僚主义作风。

雷加的《春天来到了鸭绿江》是一部32万字的小说，它真实而生动地反映了抗日战争结束后，辽宁安东地区的干部和群众在共产党领导下恢复生产、支援全国解放战争的感人事迹。作者以优美、细腻的笔触恰如其分地刻画出当时那个工厂的领导干部、技术人员、工人和家属等各色人物，反映并表现了他们渴望幸福、争取和平的情绪与艰苦奋斗、吃苦耐劳的精神品格。

可以说，尽管这一时期的作品良莠不齐，但是数量较多，并且涉猎了工业生产领域的方方面面，记录了新中国工业发展的真实历程，同时也生动描绘了工人的生活日常，让大家切实感受到新中国工人阶级的变化。当然，也会有一些作品存在一定的时代问题，诸如过高刻画工人形象，导致一些作品出现模式化倾向。

（四）"新时期"以来中国工业文学的重振

历史的车轮进入新的时期之后，工业文学也在社会背景的演进过程中得以再次崛起，尤其是 20 世纪 80 年代初在"改革文学"的思潮中，工业文学似一颗耀眼的明星冉冉升起。

1978 年，中国共产党第十一届三中全会批判了"两个凡是"的错误方针，确定停止使用"以阶级斗争为纲"的口号，做出把工作重点转移到社会主义现代化建设上来和实行改革开放的决策，提出坚决按经济规律办事，重视价值规律的作用。此后，中国社会进入改革开放阶段，用文学为四个现代化"鼓与呼"成为文学工作者的使命。蒋子龙的短篇小说《乔厂长上任记》于 1979 年发表于《人民文学》，这部作品开创了中国工业题材小说的新局面，成为中国改革文学的开山之作，其情节模式，如"新官上任式""改革与保守相斗式""改革＋爱情式"，成为后来者竞相模仿的对象。小说讲述了某重型电机厂生产停顿，人心混乱，老干部乔光朴主动请缨收拾烂摊子，乔厂长上任后大刀阔斧地进行改革，扭转了生产的被动局面。小说塑造了改革家乔光朴坚毅的英雄形象，应和了变革时代的人们渴望雷厉风行的"英雄"的社会心理，成为改革文学的开山之作，该作品曾获得 1979 年度全国优秀短篇小说奖。

张洁的《沉重的翅膀》是第一部反映改革初期生活的长篇小说，正面描写了工业建设中改革与反改革的斗争，热情歌颂了党的十一届三中全会的正确路线。小说描写国务院一个重工业部和所属的曙光汽车制造厂，在 1980 年围绕工业经济体制改革所进行的一场复杂斗争。副部长郑子云是一位精通业务的改革家，他思想解放，在企业管理方面有丰富的经验和新颖的见解，既是一位实干家又有着思想家的风貌。他重视人的价值，力求最大限度地调动人的积极性，借鉴国外企业管理的行为科学，改变老一套的政治思想工作模式。正是在这个关键问题上，部长田守诚和副部长孔祥等人则思想僵化，惯唱高调，善耍手腕，坚持"以阶级斗争为纲"。但是群众要求改革，曙光汽车厂厂长陈咏明就顶住各方面的压力，在厂里大刀阔斧进行改革。他关心群众，解决职工的住房问题，分到房的住户为了感谢他，每户拿出一个饺子请他吃，他又夹了送进老泪纵横的老工人嘴里。车工组长杨小东和他的伙伴们，也是一群朝气蓬勃的改革派，尤其是他们互相关心和集体荣誉感所产生的团体意识，更增加了他们工作的激情。大家捡砖头为新婚的小宋盖厨房，就使他们每个人都感受到了集体的温暖。上上下下的群众都向往改革，这是任何人都阻挡不了的。小说的结尾写到选举党的十二大代表，尽管田守诚部长要尽花招儿，郑子云仍远远超过了他，以 1006∶287 的压倒性票数获得了选举的成功，说明了党心民心都在改革派的一边。虽然改革的起飞是艰难的，但毕竟已经开始了腾飞。

此外还有剧本《报春花》《血，总是热的》等，这一时期的作品极力彰显工业生产在遭到一定时期的破坏之后，迫切需要重建的心情。作家们能够深入工业生产生活中去深切体察与感悟，塑造出符合时代特色的各种类型的工业人物形象。

20 世纪 80 年代中期前后，随着改革的深入，商品经济的发展，私人经济的出现，导致工人阶层遭遇了来自现实的冲击与考验。这一时期出现的诸如刘醒龙的《寂寞歌唱》、谈歌的《大厂》等都反映了一定的时代特色，包括在现实境遇下工人阶层面临的失业等现象都被作家们所关注。

李佩甫于 1996 年发表的中篇小说《学习微笑》以凄惨的笔调描写了刘小水和她的家庭及亲属为穷困所受的煎熬。她的公公曾是八级钳工，老劳模，退休了，两年前得了脑血栓，半身不遂，为了挣出治病钱，如今在电影院旁边卖汽水；她的父亲也曾是八级车工，退休后，厂里开不出工资，他便给医院死了的患者洗尸体、穿尸衣；她丈夫被车间主任叫去赌博，说这是为了"团结团结"同事，被派出所抓去，他一坦白，结局是"很不团结"，要罚款三千元……刘小水感到"这日子没法过了"——这是在小说开头部分，表现的是刘小水对自己恶劣的生存状况的认识。作家怀着深深的同情描写刘小水等八名女工被厂里抽出来，为准备接待来厂投资的港商而参加训练班"学习微笑"。教"微笑"的老师说"微笑表现的是一种自信"。可是"日子没法过了"的刘小水表现不出来自信，于是她一笑泪先下来了。在小说绝大部分时间里，刘小水都是在哭，哭就是她的生存状态。作品描写了刘小水这样的失去生存依据的"小人物"的悲哀，描写生存状况同大自然恩惠的反差，以及由这种反差所造成的心理创伤。《学习微笑》不是仅仅在"小人物"意义上，而是在当代人意义上塑造刘小水工厂破产，下岗的处境向她压迫下来，环境时时威逼她堕落。然而，她看到资不抵债的厂子的钱被官老爷挥霍时哭了；因港商被副市长先行拉走，合资告吹，刘小水又哭了。哭又是刘小水对处境关怀的表现，是不与环境同流合污的表现。《学习微笑》表现的是在社会急剧变动的面前，人的价值观念的转变，当代人价值观念的形成，自主的人生哲学的形成。这种自主的人生哲学，才是刘小水一家日子能够过下去的东西，在阳光下使刘小水由哭泣转为微笑的东西。女工刘小水是在困境中拒绝妥协，坚忍地站立着向前行进的伟岸形象。《学习微笑》中的刘小水和《年前年后》中的李德林，所坚守的人格理想都明显地具有对于传统道德的继承，他们所探索的新的价值观念是传统文化精神在新的历史条件下发出的现代异彩。这一时期的工业文学作品更多地反映了在时代发展进程中，工人阶层方方面面的变化。

　　总之，中国工业文学是伴随着工业发展进程逐步演进的，与中国工业发展一脉相承，深刻地记录了工业文化的百年变迁。

第二节　中国工业文化与工业影视

影视剧是一门视觉和听觉结合的现代艺术，容纳了文学戏剧、音乐、舞蹈、绘画等多种艺术形式的综合体，同时又是具有广泛受众群体的传播媒介。与文学作品不同的是，工业题材的影视剧更加形象、立体、直观地记录着中国工业的发展历程。东北作为新中国工业发展的领头军，工业题材的电影也同样是发端于此。新中国电影的摇篮——长春电影制片厂在 1949 年完成了新中国的第一部故事片《桥》，同时，这也是第一部工业题材的影片。在这部影片中，工人阶级第一次以主角的身份登上银幕，在中国电影史乃至中国工业发展史上都具有开创意义。此后，"十七年时期"、改革开放时期以及 21 世纪，电影在各个时段都紧跟工业发展的步伐，将工业题材影片的拍摄放在重要位置，努力反映工人阶层在国家建设中的作用，真实再现各个时代的价值取向和精神风貌。与此同时，随着实体工业的主干产业地位的确立，决定了通过工业题材影视剧这一大众媒介表达国家话语的紧迫性。

一、中国工业电影的发展历程

从新中国建立开始，中国工业题材的影片已经走过近 70 年的历程。工业影视作为工业生产传播与展示的大众媒介，彰显着不同历史时期的工业生产、工人面貌以及工业精神，成为工业文化最有利的传承载体。

（一）"十七年"时期的工业题材影片：1949—1966 年

新中国成立到文革前的"十七年"间，工业题材影片约有 60 部，内容层面涉及工业领域的方方面面，着力凸显新中国成立伊始奋战在工业战线的先进工人形象。

这个时期为了加快社会主义建设，实现工业发展的既定目标以及应对现实需求，出台了优先发展重工业的政策，鉴于东北工业的前期基础，国家集中人力、物力、财力的投入，在东北三省建设重工业基地。随着中央对东北地区重工业的不断建设，社会主义的经济成分在发生转换，计划经济体制迅速形成。可以说，东北地区是新中国率先实行计划经济管理体制的区域。诸如隶属于中央各部的大中型国有企业，开始实行集中管理体制。与此同时，与国家计划管理制度相匹配的企业管理制度也相继形成，废除了日伪时期不合理的工人制度，建成在党委领导下吸收广大职工参加的民主管理机制，配合以厂长为首的生产指挥系统以及相应的各项责任制度，提高了工人阶层的主人翁意识，有力地推动了当时的工业发展，并涌现出一大批典型人物，形成了影响一代又一代人的劳模精神。

《桥》作为新中国第一部工业题材的影片，在中国电影史上具有开创性的意义和价值，它既是新中国的第一部影片，同时也是第一部以工人阶级为主人公的电影。影片讲述了解放战争时期，为了完成上级的任务，半个月内修复被炸毁的江桥，恢复南北交通，铁路工厂厂长依靠党员最终建成江桥，有力地支援了解放战争。影片塑造了以梁日升和老侯头两个人物为代表的工人阶级大公无私的形象，对于以后新中国电影银幕上塑造的工农兵形象产生了深远的影响。尽管这部影片在艺术上存在明显缺陷，宣传性代替艺术性、戏剧性，主题过于政策化、模式化，故事人物概念化，等等，但是作为新中国第一部工人题材的影片，仍然反映了当时的时代需求与特征，反映了当时工人阶级的理想与希冀。

诞生于 1950 年的《在前进的道路上》，正值新中国成立初期百废待兴之际。在历史转折点上，国家不仅需要进行社会主义建设，获取物质资源，同时也需要良好的人力资源。因此，关于工业管理的话题开始成为社会关注的焦点，进入了影视制作的视域之内。这部影片着重以铁路运输部门为解决堵塞问题而提出的两条不同解决方案而展开。影片通过两个人物对解决问题方法截然不同的观点，正视当时社会存在的骄傲自满的个人主义思想和脱离群众的官僚主义作风，尽管这部影片同样带有明显的说教色彩，人物塑造同样趋于片面化、模式化，但是却敏锐地意识到新中国建设初期，工业生产中存在的问题，具有浓郁的现实主义色彩。可见，艺术源于生活，同时又是在总结现实生活中存在的问题与矛盾，引导人们去完善生活。

1953 年，随着中共中央关于着力实现国家工业化，以及完成对农业、手工业、资本主义工商业的社会主义改造的目标，一系列工业题材影片相继应运而生。诸如反映铁路工人的《英雄司机》、反映轧钢工人的《无穷的潜力》以及反映炼钢工人的《伟大的起点》等工业题材影片均体现了时代特色。其中《伟大的起点》和《英雄司机》获得了电影局颁发的1954 年度"好、快、省"奖金，并于1955 年在北京、上海、天津等20 个大城市的"全国青年社会主义建设积极分子大会电影周"上放映。《伟大的起点》还获得1949—1955 年文化部优秀影片奖故事片三等奖。但是这一时期的工业题材电影呈现出明显的概念化、模式化、公式化的特征，并且这三部电影最让人惊奇的地方，是将具有发明创造能力和热情的工人积极分子与富有科学技术知识的工程师及技术主管对立起来。《英雄司机》中的技术科孙科长、《无穷的潜力》中的丁工程师、《伟大的起点》中的田总工程师，对工人积极分子的革新创造和技术发明，不约而同地采取了冷落、挑剔或压制的态度。在这三部影片中，技术人员的形象不约而同成了消极落后的典型代表，而书记和工会主席代表则成为完全正确的代表，可见这一时期在人物关系设置上过于简单化。这与当时的社会语境以及电影人的思维观念有着必然的关系。学者指出："新中国文艺工作者暨电影人，对社会主义新中国无限忠诚，对领导中国人民建设新中国的伟大领袖毛主席和他所领导的中国共产党无限热爱，对指导中国人民革命胜利的马克思主义、毛泽东思想无限崇拜。他们并不了解，也无法分辨在所有方面，关于马克思的巨大争论强烈地带有意识形态的倾向，而不是科学的倾向，因为关于思想的马克思主义和政治的马克思主义的区分并非总是清晰的。新中国人民——包括知识分子——对马克思主义、毛泽东思想和领导人民翻身解放的共产党由衷热爱和崇敬，产生了宗教般的信仰和忠诚。正是这种宗教般的信仰和忠诚、宗教般的感情和心态，决定了电影人的思维特点和行为方式。"①

在工业题材影片方面同样有所展现，《天下无难事》《工地青年》《快马加鞭》《春水长流》（1958）；《船厂追踪》《试航》《钢铁世家》《笑逐颜开》《天山歌声》（1959）；《我们是一代人》《嘉陵江边》（1960）等一大批表现工人敢想敢做、能说会干的工业题材影片应运而生。这一时期的电影通过对工人群体的描摹，将全国上下一片大好的社会形势悉数展现。无论是电影立意，还是拍摄手法，该时期的影片在创作过程中出现了模式化、概念化、公式化的创作倾向，在一定程度上背离了艺术发展的现实规律，工业题材影片因类同的创作方式在数量上表现出"激增"的特点。

1964年之后，先前进入模式化创作的工业题材影片发生了明显的变化，诸如《青年鲁班》《家庭问题》《浪涛滚滚》等影片逐步克服概念式的创作模式，而将讲述的视点渗透工人们的日常生活当中，不再仅仅只是强调政治化主题，更多地体现了人性化、贴近现实的层面。

（二）改革开放时期的工业题材影片：1979—2000年

十一届三中全会的召开，预示着新时期的到来；"四人帮"反革

---

① 陈墨. 不约而同：1954 年三部工业题材电影研究 [J]. 当代电影, 2017 (6).

命集团的粉碎，标志着社会形态经历着翻天覆地的新变化。在这一历史语境下，作为大众媒介的中国电影又再次崛起，并且随着意识形态的转变，无论在创作内容还是表现手法方面都在不断改变过去模式化的方式，而不断探索新的创作规范，展现出新时期的新风貌。

在工业题材影片领域，随着经济体制在新形势下的变革，工人阶层的地位也在发生一定的变化，他们不再是"十七年"时期的万能形象，而是更多的回归日常，甚至成为改革过程中的失落者。在这一背景下，工人形象在影片中呈现出多元化的趋向，既有体现锐意开拓的产业引领者形象，也有反映在改革过程中工人复杂的心理情感体验的层面。

这一时期代表性的影片有《赤橙黄绿青蓝紫》《二十年后再相会》《当代人》等。工业题材电影在延续新中国现实主义风格的基础上做出了质的突破。这一时期的影片拍摄不再简单地凸现政治意识，也不再仅仅表现工人阶级在新社会当家做主的地位转变，而是更多的将注意点集中在 20 世纪 80 年代开始的经济改革浪潮之中，去体会、感悟进入现代工业生产之后工人们的生产生活与心理变迁。

20 世纪 80 年代末期，随着对弘扬主旋律作品的呼吁与倡导以及第五代导演的相继崛起，相对而言题材较为单一且重复的工业影片逐渐被导演们所忽视。在 1987 年，仅有《解放》《共和国不会忘记》两部影片，工业题材影片在这一时期出现了较大的滑坡。

历史进入 1992 年，随着邓小平同志的"南巡讲话"和党的十四大的召开，人们的观念与思想不断发生变化。南巡讲话对于社会主义的本质和判断标准、计划和市场的关系等重大问题做了改革开放以来最全面明确的阐述。在这一历史语境下，工业题材影片得以再次回归，诸如《你好，太平洋》《追赶太阳的人》《天火》等。

（三）21 世纪的工业题材影片

20 世纪 90 年代以来，国有企业改革的浪潮逐渐席卷了全中国。

工人群体逐渐被赋予新的内涵，"下岗工人""弱势群体"等标签逐渐与工人群体相连接。这一时期的电影导演有的是伴随着新中国成立后新工业成长起来的群体，他们带着自身幼时的深刻记忆甚至是亲临感受，来拍摄这一时期背景下工人的生存状态。

一方面，成长于工业崛起时代的新生代导演们，对于工人、工厂以及工业有着特殊的、深厚的情感。当代表着一个时代工业文化的建筑、厂房、设备在城市中心渐渐隐退的时候，他们作为过程的亲历者与想象者将现在失落的工人影像搬上银幕，作为群体的记忆留存。执导《钢的琴》的导演张猛说："《钢的琴》的创作，最开始也是因为想缅怀一下那个时代的东北。那个时代的人没有现在这种人与人之间的特别浮躁的关系，没有太多的物质欲望，反倒特别平静。现在不平静，人和人之间不知道该说什么，尤其在东北这种老工业区。"[1]同样秉持着儿时记忆的贾樟柯也曾说过："在中国，官方制作了大量的历史片，而在这些官方的制作中，历史作为官方的记忆被书写。我想从《站台》开始将个人的记忆书写于银幕，而记忆历史不再是官方的特权，作为一个普通的知识分子，我坚信我们的文化中应该充满着民间的记忆。"[2]并且他还把视角对准了普通人，"我想用电影去关心普通人，在缓慢的时光流程中，感觉每个平淡的生命的喜悦和沉重"。此外，以拍摄主旋律电影见长的于晓阳导演，指导的《大海风》《开着火车上北京》等都反映出导演自身对工业时代、对工人辉煌的记忆。可以看出，这一时期的创作者们给自己赋予更沉重的历史重任，他们试图带着成长的记忆与感悟，将更加符合现实的人物形象塑造出来，呈现出真实的层面。

另一方面，这一时期的工业题材电影也呈现出礼赞与写实并举

---

[1]　张猛等.《钢的琴》四人谈 [J]. 当代电影，2011 (6).
[2]　童业富，武湘梅. 历史的个体化：中国第六代导演对历史的影像书写 [J]. 东莞理工学院学报，2011 (8).

的局面。这一时期既有展现国企改革的主旋律影片，如《挺立潮头》，也有描写工人底层日常的《卡拉是条狗》；既有以个人史诗的笔触描绘女劳模一生的《开着火车上北京》，也有生活化、阶段性描写工人情感的《纺织姑娘》，讴歌现代青年工人的《青春制造》。同时在这些影片中塑造了众多形形色色的工人形象，成为 21 世纪工业文化的映照。

二、工业文化与中国工业题材电视作品

电视剧作为与大众联系最紧密的影像叙事艺术，不但独具审美魅力和艺术感染力，更以其巨大的传播力、影响力和辐射力承担着不可替代的文化责任。人们对一个地域文化的了解和认同，很多时候是通过观看电视剧来完成的，透过电视剧可以窥见地域独特的生活方式、价值观念和文化样态。

（一）东北老工业基地的工业题材电视作品

东北地区作为我国拥有丰厚历史和时代底蕴的老工业基地，形成了独具特色的东北"工业精神"，在我国工业现代化历史进程中具有重要地位，以电视剧形式对工业文化进行艺术化的书写和表现，对于东北确立自己清晰可辨的文化形象具有重要意义。

作为"共和国长子"的东北老工业基地在新中国国家工业建设进程中起到了至关重要的作用。在这一过程中，同样涌现出一系列可歌可颂的工人形象以及工人事迹，除了在电影媒介层面展现之外，作为大众传播中较广泛的电视媒体同样也急需进一步塑造工业发展中的工人群像。在东北老工业基地的电视作品中，较为突出的是辽宁工业题材的电视剧，相对而言作品较为丰富。一方面，辽宁自身是东北现代工业的重镇，与新中国相伴而生的国有企业较多，自然而然典型形象以及典型事件也会颇为丰富，这些都会为工业题材的电视剧创作提供鲜活的源泉。

从 20 世纪 90 年代的《蓝城》到 21 世纪的《漂亮的事》《师傅》《大工匠》等作品，着力聚焦工业改革过程中工人们的现实经历以及内心情感体验。《漂亮的事》是由高满堂编剧，高希希执导，梅婷、沙溢等共同演绎的一部以技术创新为主题的工业题材电视剧。这部作品以东北老工业基地振兴为时代背景，通过几个朴实的女人不平凡的经历展开，结合她们自身的事业和生活，着力体现机械厂改革的风雨历程，从而展现东北老工业基地全面振兴时期国有企业寻求发展与革新的道路。

陈国星执导的《大工匠》描写了 20 世纪 50 年代工厂的特级技术工人被大家尊称为"大工匠"，以及围绕这些"大工匠"发生的事情。在东北某钢铁厂就有两个身怀绝技的"大工匠"，师兄肖长功为人正直，眼里揉不得沙子；师弟杨老三生性活跃，天不怕地不怕。为了建设社会主义新中国，火红的锻件，赤诚的心，毫厘之间兄弟斗乾坤。尽管肖长功知道妹妹肖玉芳爱他的师弟杨老三，并且已经怀上了杨的孩子，但他嫌杨老三作风轻佻，甚至怀疑当年乘黑摸肖玉芳屁股是杨老三所为，故此说什么也不同意让肖玉芳嫁给杨老三。就这样，师兄弟俩别着劲但又互相同情、互相帮助地走过了火红的五十年代，岁月中肖家送走了孩子们的妈妈，牺牲了大儿媳，二儿子也变成了精神病患者，但是，肖长功仍然不允许妹妹和师弟结婚。进入改革开放，下一代都已长大成人，各自有了家庭，他们和老一代一起，共同遭遇着下岗的命运。

齐星执导的《师傅》讲述了 20 世纪 70 年代到改革开放这一段时期，在优秀工人老铁和三个徒弟身上发生的感人故事，反映了中国转型时期工人阶级的特殊命运。

《漂亮的事》荣获第 27 届中国电视剧飞天奖，编剧高满堂对此深情地说："我从小生活在大杂院里，周围基本上都是普通工人，他们的生活和情感使我感动也给了我灵感；他们的形象鲜活生动，一直震撼着我的心。"① 可见，只有深入体会工人的生活与情感，才能创作出深入人心的作品。但是，尽管一些工业题材的电视剧引起人们一定范围内的关注，但在整个电视剧创作市场上仍然没有得到应有的重视。一方面与市场经济下电视剧制作的理念有着一定的关系；另一方面新时期以来产业工人的地位不断被弱化也是其中的重要因素。"随着时代发展，中国的社会结构发生巨大改变，产业工人从原来的时代偶像变为边缘群体，他们平淡的生活状态和工作环境使得创作者疏于对工人精神状态和情感世界的深入挖掘与表现。此外，因为工业题材电视剧创作本身存在较大难度，创作者如果不能沉下心来深入基层体验生活，叙事很容易陷入表面化和概念化，只见机器不见人物，使工业题材电视剧创作难出新意和深意。因此，创作者要以开放、积极和创新的态度对辽宁丰厚的工业文化资源进行扬弃转化，以工业剧的艺术化表达实现对工业文化的现代性转换，进而将文化资源优势转化为文化产业优势。"②

为此，目前东北老工业基地全面振兴时期，工业文化的整合与演进同样会通过大众媒介的形式得以传承与传播，而电视剧作为受众较广的传播平台，应该更多拍摄能够彰显建构东北工业文化时代价值的电视作品，以此增强工业文化的传播辐射力。尤其当下已经进入后工业时期的历史时段，更是需要创作者们深入思考，打破以往"工业题材"作品的规范模式，探寻新形势下新的"工业文化"理念与内涵，以及新的"工业精神"。时代在变化，社会在发展，但铁人精神无时无刻不在闪耀光芒，特别是在东北全面振兴的新时期，必然需要一批批不畏艰难、勇往直前、默默无闻、甘于奉献的新时代"铁人"，他们是东北老工业基地振兴发展的中坚力量，从他们身上

① 佚名. 东北工业文化的"漂亮"展现——电视连续剧《漂亮的事》研讨会纪要 [J]. 中国电视，2009（4）.
② 孙媛. 辽宁"东北风"电视剧的工业书写与文化形象建构 [J]. 新闻传播，2017（10）.

所体现出来的"精气神"是社会主义核心价值观内容的重要体现，是新时代东北老工业基地文化不可或缺的独特品质和内涵。这些特质都需要在工业题材作品中展现出来。

（二）"红色工业文化"电视作品

著名编剧高满堂的一系列工业题材电视剧作品基于后工业精神下的反思，表达了特定话语中的理想主义激情。

除了前面提到的《大工匠》之外，2011 年出品的《钢铁年代》又再次掀起工业题材作品的高潮。《钢铁年代》号称是献给全国 1.5 亿产业工人的电视剧，但却并非单纯的工厂、工人题材，观众群体更不仅限于有过工人经历的人，甚至很多年轻人也看得津津有味。究其原因，是因为《钢铁年代》延续了高满堂创作的故事一贯的风格，传奇、巧合、半虚半实，非常强调观赏性和故事性。《钢铁年代》的故事从 1948 年春天的解放战争讲起，当时尚铁龙是山东连连长，率部攻打鞍山，在与国民党守敌连长杨寿山的僵持中受伤，他的妻子麦草和儿子金龙收到阵亡通知书后奔往鞍山，却找不到尚铁龙的遗体。麦草决意留在鞍山，边找工作边寻找尚铁龙，因种种意外进了工厂，认识了已改邪归正的杨寿山，两人慢慢产生了感情。当尚铁龙复员被安排回鞍钢工作那天，正赶上麦草和杨寿山的婚礼……《钢铁年代》开篇故事十分曲折，巧合众多，进入钢厂段落后，尚铁龙和杨寿山的"争风吃醋"又是一大看点，日本女青年加代和尚铁龙之间的爱情也是以往同类作品中少见的。此外还有中苏钢铁工人的炼钢大比武，如舞蹈一般的炼钢动作，都让观众感到新意十足。其实，《钢铁年代》在新中国成立后的大部分情节并没有太多天翻地覆、大起大落的情节，但高满堂对那段生活、生产、爱情的细腻刻画，让全剧充满活力，看起来没有平淡之感。很多有历史真实来源的情节，剧中还运用了黑白色调表现，让该剧多了一份史诗片、纪录片的味道。

从《大工匠》《钢铁年代》等作品中可以看出，尊重个体、尊重多元的个性化时代已经到来，在新时代的历史语境下，工业文化与精神展现给我们的不应再是过去硬朗、粗糙、厚重的机器时代，而是被知识时代取代的精密与细致、祥和与宽容。工人的形象在新的历史时期不再只是凭借力量体现价值，而是需要着力展现新时代工业制造中所需要的创新精神。

三、工业文化与工业发展纪实片

纪录片是以真实生活为创作素材，以真人真事为表现对象，并对其进行艺术的加工与展现的，以展现真实为本质，并用真实引发人们思考的电影或电视艺术形式，可见纪录片的核心为真实。伴随着工业生产的发展，记录工业文化的纪录片也应运而生，尤其是新时期之后，诞生了多部颇具时代特色的纪实片。

《大国重器》是由中国工业报社和央视财经频道合作拍摄的我国第一部宣传装备制造业的大型高清电视纪录片，主要展现了自 1983 年 7 月 12 日国务院《关于抓紧研制重大技术装备的决定》颁布以来，中国装备制造业所取得的伟大成就。这部纪录片没有一味干巴巴的说教或是"伟光正"的弘扬，它将镜头对准了那些普通的产业工人、技术骨干，以及其他在中国装备制造业发展过程中举足轻重的关键人物，通过记录下他们的故事，来反映出他们背后中国装备从无到有，进而一步步达到世界领先水准的艰辛历程。它涵盖的领域有工程机械、重型装备、通用装备、港机装备、轨道交通、关键零部件等十多个，涉及的全国领军企业有 18 家，分为"国家博弈""国之砝码""赶超之路""智慧转型""创新驱动""制造强国"等专题。对于为什么要拍这部纪录片，"国之砝码"中徐工集团董事长王民说过一句话："在世界工程机械的最高顶峰上，我们必须要有位置"。在这部纪录片中，"过去用进口——现在代替进口——未来超越进口"的例子有不少，无不彰显了中国在主攻高端制造、实现产业升级过程中的成绩与亮点。当然，虽然成绩突出，但中国制造现在仍远未达到完全领先世界的水平，可这并不妨碍我们观看这样一部帮助我们了解自己国家实力，充满了纯粹正能量的纪录片。

《指尖上的传承》这部全景展现中国非物质文化遗产的纪录片由五洲传播中心制作，首播是在各大新媒体平台，基本上完整地展示出了中国传统手工艺的神奇。随着工业化进程的加快乃至智能化制造时代的来临，世代相传的中国传统工艺受到越来越多的冲击，但这些非物质文化遗产，却蕴含着中国人民的智慧，融汇了中华民族特有的民族气质和文化素养，是珍贵的民族文化遗产。中国有一千多个国家级的非物质文化遗产，这部纪录片精选了其中的六种，分别是泥人张、紫砂、歙砚、玉雕、木雕和苏绣。整部纪录片采用了拍摄、情景再现和动画制作相结合的手法，强调紧凑、明快、生动、鲜活的影像节奏，凸显民族特性，把美的文化、美的技艺、美的作品，用镜头演绎得更为淋漓尽致、更为大放异彩，着重展示了传统手工艺的制作过程，展现千百年来中国传统工艺的神奇魅力。我们可以从中看到中国古老而神秘的制作工艺，凸显工艺美术的文化内涵和价值。在全球化的今天，《指尖上的传承》给世界华人增添了若干文化身份的认同依据。香港著名作家李纯恩评论："细细观赏，心驰神往，潜移默化，成一种精神，也是另类爱国教育。"澳门文学艺术界联合会主席梁晚年呼吁："这股文化的春风，通过互联网分享过来，对澳门非物质文化遗产的宣传保护有很大的启示。"台湾主持人郑沛芳在网络分享的观后感是："用纪录片的感染力来唤起人们对古老文化的那份尊重、那份骄傲、那份自信，感受到一个具有创造力的民族，召唤民族自豪感和认同感的回归，让中华民族文化生生不息。"

《跨越中国制造》几乎可以说是电视纪录片关注中国制造之滥觞。2009年，正值全球金融危机，在严峻形势的冲击下，中国制造业开始反省和思考，如何才能在国际制造业的新格局中跨越危机、抓住机遇，又如何才能够实现自身的转型、升级、发展。中央电视台新闻中心新闻专题部制作的这部片子，其实从 2007 年就开始拍摄了，虽然距今已经差不多十年，但是它所揭示的关于如何保持中国制造企业长久竞争力的内容，现在看来仍然极具启发意义。这部纪录片以具有代表性的制造企业的故事为载体，如东软、吉利、龙芯、比亚迪、中集、一汽等，分五集从竞争力、品牌、创新、国际化、升级中国制造等方面，探讨了"中国制造"到"中国创造"的转型以及国家竞争优势的提升路径，并且该部纪录片还将中国的发展进程嵌入全球经济格局，力图实现对中国制造的全球比较。当前国家提倡创新，这部纪录片早已揭示了该如何创新：让创新开拓市场，让市场维系创新。在全球化时代，关于创新的思维逻辑应该是"以我为主，整合全球资源为我所用"。在这一集中，姜汝祥的一段话让人印象深刻，因为这段话描述的问题直到今天变得越发亟待解决："创新的本质是绝对垄断利润，就这么简单。我们专门研究过世界上所有国家的技术创新拿到好处的比例，我们会发现一个美国企业在技术上的投入和它的收入之间的比例是最高的。而俄罗斯大家都知道它的技术水平是很高的，但是为什么你会发现，它的技术水平虽然很高，但是它没什么好车，这其实是蛮奇怪的，它能把宇宙飞船做得那么好，但是你在俄罗斯找不到好车，道理特别简单，就是因为它的技术转化为生产力的时候，缺乏一个对企业的知识产权的保护机制，它的企业本身不是独立的市场主体，一旦企业不是主体，企业不能从技术中得到最大的好处，最后这个国家的技术实际上就没有用，虽然它技术很多。"

《大国工匠》是在 2015 年由央视推出的纪录片。在 2016 年年初的政府工作报告中李克强总理提出"鼓励企业培育精益求精的工匠精神"，但在这之前，人们已经开始关注中国工匠精神的传承。每一集介绍一个劳动者。这些人虽然岗位不同，但有着一些共同点：他们都在平凡的岗位上默默坚守，他们始终追求着各自技艺的极致，他们都是各自领域的"国宝级"技工人才。比如制作宣纸30年来一直保持成品率100%的周东红，比如同样保持打磨零件合格率100%的中国大飞机C919制造者胡双钱，比如中国第一位从事高铁列车转向架"定位臂"研磨的CRH380A首席研磨师宁允展，如全中国目前唯一能实现精密度达到"丝"级的深海载人潜水器钳工顾秋亮。以前说到工匠，大家想到的多是瑞士控制误差不过毫秒的钟表匠、德国光拧螺丝就学好几个月的学徒工，还有日本的寿司之神、煮饭仙人之类。但是可以说从这部纪录片开始，人们才突然意识到，原来在中国、在我们的周围，就有很多曾经被社会的浮躁所掩盖的工匠，他们创造的与其说是技术传奇，不如说是人生传奇和精神传奇。这部纪录片选取的人物，毫无疑问是经过精心挑选的。他们各自从事的职业，无不暗合着"大国"二字，有的体现了中国千年文明的积淀，更多的则是通过这些人物展现了他们背后代表的中国高端制造的强大实力，高铁、轮船、飞机、火箭、飞船、潜艇、大桥，无不彰显着中国的雄厚国力。在这部纪录片播出之后，以这8位传奇工匠为代表的追求精益求精的中国制造者，也开始受到了社会越来越多的关注。2016年11月29日，胡双钱来到华中科技大学弘德讲坛，以"锲而不舍，匠心筑梦——航空'手艺人'35年无悔坚守"为题，与大学生交流互动，讲述了他"长期奋斗、长期攻关、长期吃苦、长期奉献"的大飞机创业精神。胡双钱数十年如一日、全身心投入大飞机事业的精神感染着在场的大学生。我们的社会，需要这样的传承。

　　《中国设计》是由央视纪录频道、五洲传播中心和法国国家电视集团联合摄制的3集纪录片，通过服装设计、建筑设计、工业设计三个领域的典型故事，向世界介绍中国的创新力，展示了现代中国的崭新形象。其中在第三集中出现的分别是：从五平方米办公位到五百强御用设计师的工业设计帝国洛可可创始人贾伟；将西方现代极致的感性主义与理性主义糅合的中式波西米亚设计师团队品物流形；建筑师里把产品设计得最让人脑洞大开的策展人李鼐含。这部纪录片最大的作用，不是让观众看到很多创意设计，而是让人们跟随着一位位设计师的创作过程，进而了解设计师的工作思维，即一件产品到底是基于什么被设计出来的。片中有一句话说得很好："设计师需要了解产品生产的所有环节。"贾伟的洛可可，开发设计了一款利用磁力相连的模块化"巧克力"移动电源，创意理念很好，却在生产中遇到了磁力不足的难题，最终依靠对中国制造业的熟稔，贾伟终于在深圳找到了能够满足生产需求的厂家。有时候，设计师的创意很好，但是无法受到市场的认可。这款移动电源在上市前，贾伟找来了很多年轻人一起试用，并亲自记录下体验者对于这块电源的意见。而品物流形的设计师，虽然有着很好的创意设计，但是为了贴近市场，与消费者形成共鸣，最终也要在自己的创意中做减法，既要让产品适合被量产，也要让消费者能够接受，这些都是工业设计的一部分。对工业设计来说，好设计的定义标准不单纯是创意和美学，最合适的设计才是好设计。这部纪录片，虽然没有直接描绘中国制造，但不可否认的是，设计永远是制造的第一个环节也是最根本的环节之一，通过它，我们能对中国制造有更为全面的了解。

《军工记忆》这部纪录片所讲述的中国制造比较特殊，是离普通人可能显得遥远的军工产业。这是由国家国防科技工业局和中央电视台联合出品的系列纪录片。最早在 2013 年 1 月，《军工记忆》利用大量真实的史料，围绕水下长征、金戈铁马、豹啸长空、东风破晓等主题进行展开，受到广泛好评。第二年，新的一季将目光聚焦到了东方红一号卫星、巨浪一号潜地导弹、红箭 8 反坦克导弹、052 型驱逐舰、歼-10 战斗机和空警 2000 预警机等能够代表中国军工最高水准的武器装备上去。虽然我们重点推荐这部纪录片的第一和第二季，但其实《军工记忆》后来还有名为"抗战风云"和"三线硝烟"的后续剧集，感兴趣的读者也可以找来一观。这部纪录片在首次上映后，就获得了第19届中国电视纪录片长片十佳作品奖。因为这些纪录片讲的都是尘封的往事，有些采访对象直到被采访前，家人都不知道他们曾经做过的工作。摄制组历时十个月，行程数万里，先后赴北京、西安、呼和浩特等十余家军工场所，采访了"巨浪一号"总指挥栾恩杰、"预警机之父"中国工程院院士王小谟等近百位亲历者，深度挖掘了研制历程中许多可歌可泣的故事。摄制组回忆："我们采访的过程中遇到了一批这样的人。他们并不是军人，可是当国家一声令下，他们就能拿起背包说走就走，这是非常令人感动的。"

除此之外，还有纪录片《最后的铸造厂》，讲述了一个有九十年历史的老国企下属的铸造厂在关停前后，120名工人将何去何从的故事。以劳动模范、优秀党员孙建忠师傅和徒弟张建杰两人为主线，通过他们的故事，解读两代工人的价值观、人生观的差异。在这场变革中，展现出几代国企工人吃苦耐劳、不计得失与企业同命运的精神，这是国企所独有的一种精神，这群真诚能干的工人是转岗还是下岗，也是企业面临的两难抉择，一个将近百年的老国企，寻找路径破解改革的难题。

小　结

文学、影视可以作为工业文化传播与传承工业精神的重要媒介，是我国逐步走向工业化、现代化的艺术记录，映射着我国迈向现代化过程中的政治、经济、思想、科技等各领域的历史面貌，同时也再现了工人阶层在历史变迁过程中的心理体验，直观、立体地再现了工业文化进程中的各种历史事件、典型形象、矛盾冲突和社会问题，在民众当中有着广泛的影响力，并引起一定的共鸣。通过对工业题材的文学作品、影视片进行研究，进而深入挖掘工业文化传播的大众路径。

第五章　中国工业文化产业

工业技术和人文艺术在科技进步的推动下，联系越来越密切。文化自信在工业领域落脚，工业文化产业依托工业技术和产品的支撑逐渐强大。国民之魂，文以化之；国家之神，文以铸之。工业生产不仅产出了实实在在的产品，它还带有人文艺术性，具有艺术审美价值。工业技术与产品在融入文化和创意后形成了工业文化产业。

第一节　工业旅游

"工业旅游是工业和旅游业相互交汇融合而形成的一种新型的旅游活动"[1]。工业旅游，以市场需求为导向，以工业遗产、建筑设备、厂区环境、研发和生产过程、工人生活、工业产品、企业发展历史、企业管理方式和经验、企业文化等内容为吸引物，"通过企业对资源进行整合或二次开发，突出工业资源的吸引力，经过创意开发，将其转化为旅游资源，以满足旅游者审美、求知、求新等需求，实现企业

---

[1]　冯蕾. 国内外工业旅游研究综述［J］. 山东工业技术，2016（3）：248.

经济、社会等综合效益为目的"①。在工业旅游的过程中，不仅能够缩短产销的距离，更好地满足旅游者对于求新、求奇、购物、科普等多方面的需求，还能够给企业带来不同程度的经济效益和社会效益。

工业旅游起源于20世纪50年代，首先从工业较为发达的法国汽车行业兴起。法国雪铁龙汽车公司作为工业旅游产业的第一个发起者，其初衷是为了让顾客对公司的生产有充分的了解。雪铁龙公司首先开放了生产车间，让顾客参观汽车生产组装线、了解雪铁龙整个生产过程。这一活动取得了成功，公司因此收益大增，行业内其他公司也开始纷纷效仿，这种将企业的厂房开放给游客游览参观的行为，就是工业旅游的雏形。这种旅游逐步发展到工业化程度较高的英国、德国等欧洲地区，逐渐形成规模。以法国、英国、德国等国家为代表，工业旅游经营发展产生了生产流程型、文化传承型、创意产业型、工艺展示型、工业景观型、工业园区型和商贸会展型等类型，形成了主题公园模式、博物馆模式、工业化模式、区域一体化模式等具体的发展模式。

博物馆模式是工业旅游产生初期欧洲国家发展最成功的一种模式。工业博物馆一般有纪念型和体验型两种，纪念型工业博物馆主要是展览并解说工业史、工业技术以及工业产品，这种形式类似于主题公园。英国的工业博物馆大多是这种类型，如利兹工业博物馆、伦敦万国工业产品大博览会、艾斯布里奇峡博物馆、布拉德福德工业博物馆等。体验型工业博物馆以互动和体验为主，主要目的是让游客感受、模拟工厂加工生产的过程或体验某项工业技术的应用。如苏格兰威士忌文化遗产中心，在这里游客能体验威士忌酒的制作过程，观看相关的视听节目，了解威士忌的历史，学习相关的工业技术，游客们还能购买到威士忌及相关纪念品。在工业旅游的形成、发展和被公众

---

① 周海燕. 湖南省工业旅游发展与开发对策研究 [D]. 湘潭: 湘潭大学，2015: 8.

逐步接受的过程中，工业旅游为旅游业探索出了一条新的途径，"进一步拓展了旅游业发展领域，完善了旅游产品结构，带动了地区旅游经济的发展，同时，也促进了企业经营和管理水平的提高，增强了企业的社会责任感，树立了企业良好的社会形象"①。

中国的工业旅游产业起步于 20 世纪 90 年代，改革开放以来，中国工业发展逐步进入了"中老年期"，随着城市化和工业化的高速发展，部分地区的产业出现了衰退的现象。传统工业发展模式面临着重大转变和调整，产业创新问题亟待解决。产业创新的过程，是企业引进新的技术或概念，逐步完成创新的环节，向市场推出新的工艺，完成新成果的商品化，并以此取得产品的竞争优势和利润垄断的过程。在这一过程中，工业旅游受到了多方的关注。

作为规范化的概念，工业旅游在《全国农业旅游示范点、工业旅游示范点检查标准（试行）》中第一次以政策的形式体现。在这一政策中，"工业旅游点是指以工业生产过程、工厂风貌、工人工作生活场景为主要旅游吸引物的旅游点。工业旅游是以现有的工厂、企业、公司及在建工程等工业场所作为旅游客体的一种专项旅游。它通过让游客了解工业生产过程，获取科学知识，提供集求知、购物、观光等为一体的旅游产品"②。中国发展工业旅游在借鉴西方国家经验的同时，结合自身国情，发展了协同作业模式。在中国民众对于旅游的需求已经突破了传统的自然风光、文物古迹观光，在体验、参与和购物等形式的旅游产品发展的背景下，结合人们的旅游需求和工业旅游的发展思路，中国工业旅游出现了地方工业旅游、都市工业旅游、文化工业旅游、休闲工业旅游和峡谷水电旅游等多种线路。对工业旅游开发模式的研究，也受到了学术界的关注。有的研究者认为，

---

① 冯蕾. 国内外工业旅游研究综述 [J]. 山东工业技术，2016（3）：248.

② 国家旅游总局.《关于发布〈全国农业旅游示范点、工业旅游示范点检查标准（试行）〉的通知》旅发〔2002〕59 号.

依据工业旅游开发依托的载体，"可以把我国工业旅游分为针对某种特殊产品的开发、对于某个较为落后企业谋求发展的开发、对于具有先进管理模式的企业进行开发、综合性的全面开发等模式"①。

2016年，国家旅游局公布了《全国工业旅游发展纲要（2016—2025年）（征求意见稿）》（以下简称《纲要》），并向社会公开征求意见。《纲要》提出，到2025年，我国将创建1000个国家工业旅游示范点，100个国家工业旅游基地，10个国家工业旅游城市，初步构建协调发展的产品格局，打造我国城乡旅游业升级转型的重要战略支点。从目前我国工业旅游分布的状态来看，呈现出都市综合性工业旅游、城市特色工业旅游以及名胜旅游区工业旅游等形式。其中都市综合性的工业旅游以上海、天津、唐山、青岛等一些工业城市为代表，主要是对其著名的工业企业进行参观。

结合工业旅游理论的认识，结合不同地区工业的发展情况，"工业旅游可以进一步地发展出城市型、商品型、中心型、景观型、扩展型、场景型、产品型、文化型、外延型、综合型等多种类型"②。其中文化型工业旅游的发展策略，主要是对中国传统工艺的宣传和展示，如新昌南岩丝绸文化工业园区，山西杏花村汾酒巡游，太原醋文化博物馆等，体现了手工业的悠久传统和文化魅力。文化型的工业旅游模式也充分凸显了工业旅游的教育意义。工业旅游的教育意义在于，"工业企业的发展集结了人们文明进步的结晶，它承担了科学技术、管理水平的体现载体。当人们对生产过程中任何一个环节产生疑问时，可以通过进入企业参观，通过企业直观的向游客展示产品的性能、生产过程、工艺知识，最终得到解决问题的满意答案"③。在工

---

① 冯蕾. 国内外工业旅游研究综述 [J]. 山东工业技术，2016 (3)：238.

② 吴相利. 中国工业旅游产品开发模式研究 [J]. 桂林旅游高等专科学校学报，2003，14 (3)：43－47.

③ 周海燕. 湖南省工业旅游发展与开发对策研究 [D]. 湘潭：湘潭大学，2015：12.

业旅游的过程中，不仅能够为自己答疑解惑，还可以充分了解到企业生产的发展历程、感受到企业的文化，这种参观过程本身也是受教育的过程，这种工业旅游活动有助于提升民众的素质。

工业旅游对工业的依附性十分强烈，它是企业发展的一个新的维度，是围绕着企业的经营宗旨和主营业务而生长、展开的。工业旅游的开展，往往是以产品为核心，为生产的产品服务，在企业本身、企业环境等客观因素的影响下，合理的选择是否发展工业旅游以及发展何种类型的工业旅游形式。有的工业企业，如新型企业、传统的手工制品企业、较大型的机械设备企业等，就具有开展工业旅游的优势。而且，工业旅游展现的是企业的一种透明度，让游客走进车间厂房，在众目睽睽之下生产，这对于企业而言，需要很强的底气和勇气。所以，"从企业管理的角度来看，将企业形象、生产操作、企业产品、企业文化等方方面面展示给公众，等于为企业引入了良好的外部监督机制，有利于形成进一步加强企业管理的动力"①。工业旅游的成功开展，依赖于企业管理者对工业旅游的认识、对企业进行工业旅游价值的正确估量。工业旅游作为企业发展的一个新思路，需要企业管理层对开展工业旅游的价值进行全面评估。通过评估，如果工业旅游能给企业带来可观的社会价值，进而间接地带来经济利益，企业管理者就会积极努力，促成工业旅游的开发，企业也可以借此推广自己的产品。

工业旅游发展的新模式为传统的工业转型提供了思路。工业旅游是一种多元化的集合经济群，其受益群体较为广泛。这种受益群体主要包括旅游者、企业乃至社会。工业旅游是宣传企业形象、提升品牌、促进销售、提高效益的新手段和新平台。通过工业旅游，有助于企业收集到游客的需求，获得市场的最新动态。企业通过发展工业旅

---

① 李淼焱．中国工业旅游发展模式研究［D］．武汉：武汉理工大学，2009：97．

游，可以产生有形和无形的价值。工业旅游的有形价值最直接的体现就是人们在参与旅游的过程中，工业企业的门票收入和参观中的销售产品的利润。而隐藏在有形的价值背后的还有一个无法估量的无形价值，也就是通过工业旅游活动的开展，能够促进旅游者对企业品牌产生好感，主动接受企业的广告宣传，成为企业的忠实客户群，对企业的依赖程度不断加深。这种无形的经济效益是巨大的，有助于企业不断地发掘市场，扩大影响力。可以说，开展工业旅游对于企业来说等于低成本做广告，变看点为卖点，变游客为顾客。在工业旅游的发展过程中，工业旅游纪念品的开发，能够延伸工业旅游的影响力。工业旅游纪念品是工业旅游活动的进一步深化，工业旅游纪念品既承载着游客的旅游回忆，也能为企业增加一条获取收入的渠道。在工业旅游纪念品的开发设计中，要丰富纪念品的种类，创新设计理念，突出设计特色。同时，工业旅游也能弥补传统工业污染过重的不足，成为一种环保型的新型工业发展方向，为现代生活带来美好的社会环境，同时，还能解决一部分的就业问题，对提升城市的现代化、国家化和竞争力，优化区域产业结构都能起到一定的促进作用。

工业旅游相比传统的旅游，具有很多传统旅游无法替代的优势。工业旅游大大拓宽了旅游资源，使得大批工厂、矿山都可以成为旅游的吸引物。以 2009 年建成开园的开滦国家矿山公园为例，该公园是国土资源部批准建设的首批国家级矿山公园，项目占地面积约 59000 平方米。其核心展区开滦博物馆记录着中国近现代工业发展史上由开滦创造的二十多个第一，馆藏上万件工业文物，其中一级文物 48 件、二级文物 72 件、三级文物 326 件。开滦矿山公园项目注重把文化历史留下来，以矿山公园为近代工业博览区，结合现代工业示范区和老唐山风情小镇共同开发，让人们通过旅游参观，从这里找到行业的发展轨迹，找到城市的心灵家园，找到国家的精神脊梁。能够代表一种生产工艺或流程，生产一种类型产品的企业，就是工业旅游吸引游客的一个发展点。围绕着这一个发展点，企业可以通过产品展示、生产过程介绍和体验等环节，让游客在游览的过程中体会到独特的企业文化，这种感受是其他旅游形式无法体会到的。"依托传统旅游资源开发出来的旅游产品，基本都是观光型产品。而工业旅游产品的推出拓展了旅游产品的类别，从而能够更好地满足不同人群、不同档次、不同兴趣的旅游消费需求。"① 同时，在工业旅游过程中接触到的对象，如酒泉的卫星发射现场、现代化的汽车组装线、钢花飞溅的钢铁厂等，带给人独特的观赏性，这种感觉在其他的观光游中是无法看到或体会到的。对于游客来说，近距离参观工厂体验工业文明，比传统旅游项目更具有新鲜感。所以说，工业旅游不同于一般的观光旅游，它在观光休闲的同时，还能满足游客的好奇心和求知欲，通过旅游来获知许多从未涉及的工业知识和信息，因此，对不同行业、不同区域和不同年龄段的旅游者都会产生吸引力。

了解工业旅游、重视工业旅游、发展工业旅游，成为经济新常态下我国产业结构调整的方向。吉林省汽车工业旅游是发展相对成熟的项目。1994 年，"一汽"集团组建"一汽"实业旅行社，向游客开放卡车、红旗轿车、捷达轿车等生产线和样车陈列室。目前，有一汽厂区、汽车企业文化园、汽车生产线游览等工业旅游项目。但是，在管理的过程中，这些项目分属不同的单位管理，在旅游发展上很难进行协调和统一规划。对此，我们要更新工业旅游的发展理念，将工业旅游与工业生产合理地结合在一起，在发展壮大工业生产的同时，为工业旅游增强吸引力。工业旅游能够给企业带来不同程度的经济效益和社会效益。通过工业旅游扩大工业生产的市场，提升工业生产的经济效益，成为企业提高社会形象的重要手段。吉林省在汽车工业旅游的建设中，将现有的工业旅游项目资源进行整合，在统一的协调

① 梁文生. 我国工业旅游现状与发展（下）[N]. 中国旅游报，2005 - 07 - 04：(016).

规划下，合力打造"一汽"的企业精神，避免工业旅游产品的重复建设，增强企业对旅游产品的系统性、整体性策划。同时，整合区域旅游资源，实施联合开发，科学规划汽车工业旅游、医药工业旅游、食品工业旅游等现代工业旅游线路。工业旅游在东北老工业基地振兴的过程中，发挥了积极的作用。工业旅游景点的发展带动了吉林省工业文化资源的发展。

文化见证历史，文物承载文明。中华灿烂文明是要靠众多真实的物质和精神财富印证的。在工业旅游参观中看到的老厂房、设备、设施，能证明工业发展的那段历史，能证明中国工业过去的样子。在参观中看到这些，仍可以感觉到中国工业不凡的气势，知道我们国家工业是怎么发展过来的，理解传承中国工业文化是多么重要。

然而，工业旅游的开展并不是任何工业企业都适用的一个法宝。一般来说，知名度高、影响力大、特色鲜明的企业，发展工业旅游对游客的吸引力会更大。也就是说，"工业企业的科技含量、生产流程的复杂程度、生产设施的先进程度、企业的人文环境等因素都决定了工业企业的旅游的吸引力"[1]。目前，工业旅游开展的较为成功的企业，如海尔等，就使很多游客感受到从海尔的产品展览馆到海尔生产线最后到海尔研究院（海尔大学）都充满了海尔的精神，为企业的发展注入了巨大的潜力。工业旅游必须注入文化底蕴和情感元素，不能只是看看宣传片、逛逛厂房、体验一下产品的生产，而要把工业的魅力与文化、历史、艺术、情感等紧密结合、相互渗透。在工业旅游的形成、发展和被公众逐步接受的过程中，工业旅游为旅游业探索出了一条新的形式，也为企业树立良好社会形象找到了一条较好的路径。

---

① 周海燕. 湖南省工业旅游发展与开发对策研究［D］. 湘潭：湘潭大学，2015：11.

第二节　工业遗产

随着工业的发展，大量的工业区被遗留下来，旧厂房、老机器已经无法满足现代工业生产的需要。当这些机器、设备、工具以及工业建筑、工业遗址等积累的越来越多，如果把这些工业遗存当作宝贝来认识，把它当作承载历史文化的工业载体，它的意义马上就会得到提升。对于工业时代遗留这些物质遗产引发了各方的关注和思考。

1986年，从英国的铁桥峡谷开始，工业遗产被列入世界遗产。2003年，国际工业遗产保护协会颁布了《下塔吉尔宪章》，将工业遗产详细定义为："凡为工业活动所造建筑与结构、此类建筑与结构中所含工艺和工具及这类建筑与结构所处城镇与景观，以及其所有其他物质和非物质表现，均具备至关重要的意义"；"工业遗产包括具有历史、技术、社会、建筑或科学价值的工业文化遗迹，包括建筑和机械，厂房，生产作坊和工厂，矿场以及加工提炼遗址，仓库货栈，生产、转移和使用的场所，交通运输及其基础设施，以及用于居住、宗教崇拜或教育等和工业相关的社会活动场所。"中国人开始有意识地重视工业遗产，大概是在20世纪之交，中国对于工业遗产保护的首个文件，是2006年4月通过的《无锡建议——注重经济高速发展时期的工业遗产保护》。这一文件中，中国工业遗产被定义为："具有历史学、社会学、建筑学和科技、审美价值的工业文化遗存。包括工厂车间、磨坊、仓库、店铺等工业建筑物，矿山、相关加工冶炼场地、能源生产和传输及使用场所，交通设施、工业生产相关的社会活动场所，相关工业设备，以及工艺流程、数据记录、企业档案等物质和非物质文化遗产。"

通过对工业遗产的界定，我们知道，工业遗产有物质和非物质两大类，对于物质文化遗产的保护与利用，国外的起步更早、重视更多，而中国在强调物质文化遗产的同时，也强调了对非物质文化部分的关注，如对"工艺流程、数据记录、企业档案等非物质文化遗产"的关注。从物质和非物质两个层面着手，更能全面地研究、保护和利用工业遗产。

对工业遗产概念的认识，讨论和研究的角度多样而复杂。工业遗产属于文化遗产的一个分支，提到文化遗产，可能人们想到更多的是具有光鲜外表和看得见巨大价值的东西，或者说是自古流传至今被称为文物的东西，很难将那些老旧、失修、简陋的工业设备与文化遗产联系起来。工业遗产产生于特定的历史环境之下，从广义上来说，工业遗产也属于文化遗产的一部分，具有文化遗产的普遍性价值。虽然对于工业遗产有不同的理解和分析，但是其存在的价值是大家所公认的。不管是历史价值、技术价值、社会价值，还是艺术价值、文化价值、经济价值，对于文化遗产，对于工业遗产本身，对于城市、社会、人类，都有重大的意义。

工业遗产见证了一个时期人们的生产生活方式，记录了一代人甚至几代人的成长。工业是城市的一部分，也是城市发展的重要环节，对于城市的重要性是无可置疑的。而工业遗产对于城市来说可能已失去了其原有的经济促进作用，但对工业遗产的保护和再利用对于城市而言，将会创造新的活力与推动力，能促进城市文化的营造，而不是人们所说的阻碍城市的发展。

当城市越来越多地拆除那些他们所谓不符合"新潮流"的东西之后，城市往往变得千城一面，失去了城市自身的个性化特点和魅力。如果将城市有代表的工业遗产打造成为城市的名片，无疑会为城市添加一些亮点。以东北老工业基地吉林省为例，"一五"计划时期，在重点建设东北工业基地的方针指导下，吉林省建设了11项重点项目，成为全国工业的佼佼者。东北地区作为新中国"长子"，在社会主义建设新阶段具有绝对的优势与贡献，汽车工业成为吉林省的经济支柱。吉林石化作为新中国化学工业的长子，经过发展和重组成为中国石油吉林石化公司，为中国经济建设做出了重大贡献。吉林省的工业遗产见证了一个时期吉林人民的生产生活方式，记录了一代甚至几代吉林人的成长。工业是城市的一部分，也是城市发展的重要环节，对于城市的重要性是毋庸置疑的。工业遗存对于吉林省来说可能已失去了其原有的经济促进作用，但从工业遗产的保护和再利用的角度出发，将会为吉林省创造新的活力与推动力、促进吉林省城市文化的营造，而不是阻碍城市的发展。在吉林柴油机厂的旧址项目改造过程中，通过挖掘工业遗产景观的艺术内涵，将艺术与审美想象力赋予其中，保留了大量的工业景观特色，形成了独具特色的另类建筑风格和文化气质。对工业遗产进行景观化改造的成功实践，期待更多艺术与审美极具敏感性与想象力的创意群体和设计工作者的参与，经过他们的再创造，荒废的厂房、没落的工业园区重新焕发出生机。

工业的核心是技术，工业遗产见证了科学技术对工业发展做出的突出贡献。工业的每一次革新都是技术进步的推动，都代表了人类工业文明的又一次前进，三次工业革命无不证明了这一点。作为每个工业时代技术的物质载体，工业活动遗留下来的工厂、作坊、仓库等工业遗产，代表了当时生产力的发展水平，可以说是技术发展和进步的产物。技术价值涉及工业遗产的方方面面，例如，如何为工厂选址，如何使工业建筑抗震并符合工业活动要求，对机器的安装、调试、运行、改进，工艺的设计等。正是这些技术的支撑，工业遗产才有了自身的特色与保护意义。工业遗产在成为遗产之前就造福了社会，为社会创造了巨大的财富，也为社会提供了大量的就业机会，蕴含着巨大的社会价值。工业遗产对于前人来说，那是他们曾经奋斗过的地方，承载了一代甚至是几代人的热血和青春，充满了怀念之情。将工业遗产地进行合理地改造和利用，对于他们来说是一种情感的寄托、心灵的抚慰。工业遗产记录着普通劳动群众难以忘怀的人生，成为社会认同感和归属感的基础，其留下的企业精神激励着后人不断进步，有的甚至成为历史文化和爱国主义教育的基地。凝聚于工业遗产中的务实精神、创新精神、诚信精神等工业文化中特有的精神品质，为社会增添了丰富的精神气质。具体的工业遗产地还能够展示一个地区乃至国家的工业化过程，代表文明的变革过程。工业遗产可谓是工业化时代历史信息的记录者，有助于人们追述以工业为标志的近现代社会历史，理解这一时期人们的生活和工作方式。工业遗产的社会价值，为工业遗产的保护和开发利用提供了一条重要的思路。

工业遗产虽然不能像一般艺术作品一样进行观赏，但工业建筑美学和机器美学为工业遗产附加了艺术的价值。即使是破败不堪的厂房、荒草丛生的院落、人烟绝迹的车间，也不能就此否认其美学价值。工业遗产的特殊形象成为众多城市的鲜明标志，尤其"很多工业遗产地的建筑是经由著名的建筑师精心选址、走心设计的结果，选址上不管是自然因素还是人文原因都考虑在内，可谓占尽地利人和"①。很多工业遗产中的工业建筑目前仍是该地的地标，有的甚至还是城市的象征，具有丰富的审美价值。还有融会于车间布置、机器设计的机器美学，也具有专门的艺术价值。作为城市文化的一部分，工业遗产无时不在提醒人们城市曾经的辉煌和坚实的基础，为城市发展留下了未来的导向。

自 2006 年起，中国的学者开始并一直在关注近现代城市工业遗产，这一领域的研究已经从工业遗产研究上升到工业文化研究的高度。从工业遗产研究视野来认识工业文化研究，从工业遗产的创造性、代表性、唯一性等方面引导我国工业的发展。工业遗产保留着工

---

① 孙危，吴胜蕊. 工业遗产保护之培育型主体研究——以郑州市为例 [J]. 遗产与保护研究，2016（5）：38.

业文化的传承，它见证并展现了近现代中国社会的变革与发展轨迹，是一个城市的重要记忆，更是城市历史文化的重要组成部分。在工业发展中形成的企业文化与企业精神，是工业发展过程中产生的独特的文化现象。在企业发展中形成的独特企业文化体现在企业员工的身上，为他们带来了温暖和动力，从而形成了独特的归属感和自豪感。在某些家庭，一代人甚至是几代人都在同一个企业中工作过，都为企业的发展贡献过力量。虽然企业可能因为种种原因已经不存在了，但是企业文化还一直凝聚在他们的心中。从更广阔的视角出发，时代旋律的构成也离不开工业遗产的文化价值。工人阶级产生、壮大的时代，也谱写了这个时代的文化，"保护工业遗产就是保持人类文化的传承，培植工业文化的根基，维护文化的多样性和创造性，促进社会进步"①。对于当代人而言，保护工业遗产不仅是对历史、对前辈的尊重，还是对自己、对后代的负责。合理的改造和利用不仅避免了浪费，还能促进新的经济增长热点等。

工业遗产是工业文明发展的参与者，见证了科技创新的历史变迁，同时也推动了新兴产业的出现，可谓是经济发展的载体。工业遗产见证了工业发展对经济社会的带动作用，通过工业遗产的衬托和对比，显示了现代化高新技术的快速发展。同时，工业遗产的经济价值更多地体现在对工业遗产的合理保护与利用方面。对工业遗产的保护和再利用有助于实现城市经济的复兴、发展新的经济增长点；对工业遗产的保护和再利用，将会创造更多的就业岗位，为下岗职工和无业人员提供更多的就业机会；保护工业遗产能够减缓城市经济的衰退，保持地区经济的活力；工业遗产的再利用是对其重新组合和结构调整，在利用新的模式的基础上创造新的经济增长点。例如，将工业遗产开发为博物馆、纪念馆、创意产业园区、购物城、旅游区等，

---

① 郝幸田. 旧工业厂房的保护与利用 [J]. 企业文明，2009（4）：71.

带来经济价值以及一系列的联动经济价值。很多工业遗产地采用的模式对于当地来说大多都是新颖的，客观上能让人更好地理解过去和地域产业文明发展的意义，创造新的经济价值和热点。例如，英国铁桥峡谷博物馆，利用工业遗存的优势，吸引了国内外的大批游客，挽救了工业遗产，促进了当地的经济发展，更以一种别样的角度给游客以盛宴，一举三得。通过对城市中工业遗产的梳理、归类，在保持工业遗产完整性、真实性的基础上对其进行改造，合理利用，为城市注入新的经济活力，实现经济的可持续发展。

工业遗产在历史、技术、社会、艺术、文化、经济等方面有着独特的价值，然而，却频频出现工业遗产被废弃或直接拆除的现象。虽然工业遗产本身的使用价值在其被历史淘汰之后已经不复存在，但是，其原真性的存在能够衍生出更多的价值，在经济效益的基础上扩展出更多的价值层面，不仅有助于保护工业遗产的原真性，还能创造出新的价值。对于工业遗产来说，再利用是一种更高层次的保护。工业遗产作为时代的产物，它为人类创造了巨大的价值。对工业遗产的再利用就是促进工业遗产的产业结构调整和改造，就是在不改变其原真性的基础上将其价值展现给更多的人。作为文化遗产的一个重要门类，工业遗产保护和再利用的恰当实施，有利于文化遗产的品种和门类更加多样、更具有代表性，有利于深入保护文化遗产。对工业遗产的保护和再利用有助于建设资源节约型社会。面对城市中不断地拆和不断地建，对工业遗产资源进行重新开发利用，能够在节约资源的基础上解决经济的快速发展以及人们对于生活环境要求的增长的矛盾，通过工业遗产的重新开发利用改变城市的格局，促进城市发展，凸显工业区域的位置优势和功能特色。有些工业遗产更多的是凝聚了一段工业奋斗史，能更好地教育当代人，对于稳定社会秩序有很好的引导作用。

国内外对工业遗产保护与利用进行了多角度、多方向的尝试，在此过程中创造了大小不同的经济效益和社会效益，建立了多种工业遗产保护与利用的模式。虽然中国对工业遗产保护与利用的探索起步较晚，但也在模仿和借鉴的基础上，形成了一些工业遗产保护和利用的模式。

工业遗产博物馆是以工业遗产为主体，在完整性和原真性的基础上对其进行合理利用与改造，并最终以博物馆的形式供人们纪念、学习和参观的一种工业遗产保护模式。国际比较成功的典型案例以英国铁桥峡谷博物馆为代表。根据联合国教科文组织世界遗产中心的资料，"铁桥峡谷位于英国什罗普郡，是工业革命的发源地，建于18世纪初，是世界上第一座铁桥。铁桥峡谷以铁桥和鼓风炉最为著名，是采矿区、铸造厂、工厂、车间和仓库的罕见汇集区，密布着由巷道、轨道、坡路、运河和铁路编织成的古老运输网络，与一些由传统景致和房屋建筑组成的遗留物相共存。"从20世纪60年代末开始进行大规模地修复和重建，目前已形成一个由7个工业纪念地和博物馆、285个保护性工业建筑为一体的旅游目的地。中国比较著名的工业遗产博物馆有江南造船厂博物馆、沈阳铁西区博物馆、青岛啤酒博物馆、陕西大华工业遗产博物馆等。工业遗产博物馆在一定程度上突破了常规博物馆关于展览空间和藏品的限制，在工业遗址的基础上进行整体性的改造。以具有技术价值、历史价值和文化价值的工业生产建筑、生产工艺、生产技术和机器设备等作为展示主体的博物馆，通过真实的还原展示工业活动的场景，为观众带来视觉震撼与深刻记忆，为观众带来文化的盛宴。工业遗产博物馆整改力度较小，成本较低，以保护和保存一个历史时期的技术发展和当时的物质见证、宣传时代精神和普及技术知识为目的，容易获得民众对于工业遗产价值的认同，从而可以提高其保护工业遗产的意识。

工业遗产主题公园模式对于工业遗产来说是一次新的生命，在对工业遗产进行保护的基础上重新利用，以公园的形态调和工业发展对环境造成的破坏，起到对环境改善的作用。工业遗产主题公园是指以工业遗产为主体，在完整性和原真性的基础上对其进行合理利用与改造，供公众游览、观赏、休憩，以及开展科学文化和锻炼身体等活动，有较完善的设施和良好的绿化环境的公共绿地。我国广州的中山岐江公园就是工业遗产主体公园的典型代表。岐江公园的前身是粤中造船厂，始建于 20 世纪 50 年代初期，在 20 世纪 90 年代后期停产。面对厂区内留有的大量造船厂房和相关设施设备，经过反复研究，决定在保护工业旧址的基础上，引入一些生态恢复、西方环境主义及城市更新的设计理念进行重新利用，实现了将现代技术和地域文化、生态保护和时代记忆相结合的开发目的，彰显了工业文明向生态文明发展的过程。主题公园模式是对工业遗产本身价值的肯定，在尊重和保护历史的基础上，缓解了工业发展对环境造成的压力。同时，为公众提供了一个休闲娱乐、寻找记忆的场所。

工业遗产文化创意产业园模式是当下大城市工业遗产保护和利用比较流行的一种模式。工业遗产文化创意产业园是指以工业遗产为主体，在完整性和原真性的基础上对其进行合理利用与改造，为以创造力为核心的新兴产业提供一个集生产、交易、休闲、居住为一体的多功能园区。这类新兴产业主要包括广播影视、动漫、音像、传媒、视觉艺术、表演艺术、工艺与设计、雕塑、环境艺术、广告装潢、服装设计、软件和计算机服务等。中国的工业遗产文化创意园以上海 8 号桥为典型代表。上海 8 号桥曾经是法租界的一片旧厂房，新中国成立后，该地成为上海汽车制动器厂的厂房，2003 年经过设计、改造后成为上海时尚创意园区之一。园区在房屋构成方面基本保持了原来的布局，只是做了一个功能上的替换，更多地设置了大量外部公共空间和半室内空间，以便人员的交流和游客参观的方便。工业遗产的创意产业园开发模式所需资金较少，基本上只是在功能上将其进行转换，整体的格局和模式并没有过多的修整，所以整修时间也比较短。创意产业园区模式一方面对工业遗产本身进行了大力宣传；另一方面将工业遗产改造成为一个创意园区，是对文化和创意的一种宣传和支持，为城市增加了一个新的亮点。对于宣传城市是一个不错的方案，也是城市发展的一种新观念，更是工业与文化交叉碰撞的节点。

工业遗产旅游模式是指以工业遗产为主体，在完整性和原真性的基础上对其进行合理利用与改造，以工业文化和工业文明为主线吸引人们前来旅游。工业遗产旅游在欧洲开发的比较早，"欧洲工业遗产之路是贯穿全欧洲的最重要的工业遗产网络，其基本结构框架包括英国、法国、德国、比利时、卢森堡、荷兰等欧洲国家在工业革命进程中形成的具有突出价值的工业纪念物，以及由此向外拓展延伸直至欧洲边界的绝大部分工业遗迹"[①]。前文已经对工业旅游有所涉及，这里以对工业遗产地的保护与利用为切入点，重在肯定工业遗产被开发为旅游地之后，对工业遗产价值的肯定。这种肯定也是对城市历史的尊重，这对于树立城市形象、宣传城市文化有重要的作用。另外，旅游的展现形式是最丰富多彩的，由此可以更好地宣传工业遗产保护等相关方面的信息，教育的范围之广、力度之大是别的模式所不具备的。

工业遗产商业模式是面对工业衰落、工厂拆除费用太高时的一个选择。工业遗产商业模式是指以工业遗产为主体，在完整性和原真性的基础上对其进行合理利用与改造，在工业区内增添一定的商业设施，将多种店铺作为一个整体来计划、开发和经营，并且拥有一定规模的停车场，为人们提供全方位的购物体验。变废为宝是工业遗产商业模式的最大优势。位于德国鲁尔区西部的奥伯豪森中心购物区，原本是即将拆除的废弃工厂，经过再次利用之后现如今是全欧洲最

---

① 刘抚英. 欧洲工业遗产之路初探 [J]. 华中建筑，2013 (12)：139.

大的商业中心。

纵观工业遗产保护与利用的这几种常见模式，可谓各有利弊。在对工业遗产进行保护和再利用的时候，必须结合各种开发模式的具体优势和特色，无论何种模式都不能直接套用到某一个工业遗产的保护与利用上面。有的模式虽然在国外有很多成熟的案例，但国内在借鉴的时候不能直接照抄照搬，应当综合考量当地的经济发展状况和发展模式，结合城市的格局和发展速度，慎重选择。既是以申报世界遗产的形式开发保护中国工业遗产，也是为了通过申遗对中国近现代工业遗产进行研究、保护与再利用，起到为我国城乡可持续发展服务的作用。以长影旧址博物馆为例，2017 年，坐落在国宝级文物单位——长影老厂区的长影旧址博物馆被评为国家工业遗产旅游基地，成为东北三省唯一一家入选景区。长影旧址博物馆是国内唯一的国家级电影主题博物馆，完整保留了 1937 年"满映"的建筑原貌。

我国对于工业遗产的认识还有待提升，这可能与中国历史悠久、地大物博有关，很多东西过了几千年才开始重视，对几十年、上百年的东西就都忽略了。"在继传统工业时代逐渐被信息工业时代所代替之后，对工业遗产的保护和再利用是大势所趋，也会逐渐吸引更多人的关注和参与的，这将是一个时代的呼声"[1]。因为，对于后代人来说，一百本书也不及一个活生生的例子。目前，对于工业遗产的关注和研究，大多集中于工业生产之后产生的各种工业遗产现象，而中国历经千百年传承下来的技艺，也是工业遗产中非物质文化形态的重要组成部分。这些依托城镇而形成的传统产业，虽然还没有进入我国工业遗产开发与保护的主流，没有受到广泛的重视，但是，对传统工业遗产的开发与研究是我国未来工业遗产保护与开发的一

---

① 孙危，吴胜蕊. 工业遗产保护之培育型主体研究——以郑州市为例 [J]. 遗产与保护研究，2016（5）：39.

个重要方面。

工业遗产是工业活动对历史和今天所产生的深刻影响，历次工业革命不仅是生产力的提升，也是工业史的不断续写。工业之兴衰，往往会对城市产生重大的影响，在城市中留下大量的印记，从工业遗产中，我们可以看到城市变革的影子。从手工业到机器大生产，再到当今的电子信息时代，每一次跨越都是一次技术的变革和进步，工业遗产不仅为工业发展积累了历史素材，也为技术的再进步积累了经验。而且，工业遗产对于研究某些工业活动的历史也很有价值。工业遗产中的物质形态，为研究建筑史、机械发展史、工具进化史提供了重要的研究素材。工业遗产中的非物质形态，如技艺、设计等，成为科学技术史研究的一个重要史料。

第三节　工业设计与工艺美术

工业设计起源于英国工业革命，在 20 世纪 20 年代的德国真正崛起，成长于 20 世纪 30 年代的美国。工业设计的概念随着历史和地域的变迁，有过多种表述，成立于 1957 年的国际工业设计协会曾多次对工业设计进行定义，在 2015 年 10 月，该协会宣布工业设计的新定义：设计旨在引导创新、促发商业成功及提供更好质量的生活，是一种将策略性解决问题的过程应用于产品、系统、服务及体验的设计活动。工业设计是一种跨学科的专业，将创新、技术、商业、研究及消费者紧密联系在一起，共同进行创造性活动，将需要解决的问题、提出的解决方案进行可视化，重新解构问题，并将其作为建立更好的产品、系统、服务、体验或商业网络的机会，提供新的价值以及竞争优势。设计是通过其输出物对社会、经济、环境及伦理方面问题进行回应，旨在创造一个更好的世界。

现代工业设计所包含的行业范围十分广泛，涉及很多专业和行业。从广义上涵盖了视觉传达设计、建筑设计、室内设计、环境艺术设计、家具设计、产品设计、机械设计以及传播设计、设计管理等，狭义上一般指产品的设计。可以说，工业设计是一门随着现代工业的兴起而产生的以工业产品设计为主要对象的产业。

工业设计伴随着社会进步和工业发展而不断发展变化，这种变化轨迹是一种纵向的变异。工业设计随着时代不断变迁，这是工业设计自身的发展规律，也是社会经济文化发展的必然趋势。社会生产的不断发展，物质生活和精神生活的不断丰富，社会时尚的变化，总是要反映到工业设计的文化观念上来的。因此，工业设计具有鲜明的时代特征，它能反映出不同时代的物质生产水平以及人们的意识形态和生产方式。工业设计本身就是文化的产物，因为它通过特有的方式传达了技术的物化美，并且体现出商品社会中文化的价值取向。对工业产品的功能、材料、构造、形态、色彩、表面处理、装饰等要素进行综合性设计，能够满足人们不断增长的物质需求和精神需求。从某种意义上来说，特定时代的工业设计，总是体现着这个时代的社会风貌，也总是反映着特定时代的生活理念。

工业设计还受到地域文化的影响，各工业发展区以本地域的文化作为基础，设计出具有地域特色的产品。"地域性的工业设计是基于各地区的自身情况，充分发挥各自的文化优势，而且又把这种优势通过工业设计，注入企业和产品当中去，这不仅具有相互的促进作用，而且也形成具有地域特色的个性鲜明的企业和产品。"[①] 不同地理环境下的工业设计，表现出各自不同的特点，地区的政治、经济、文化等共同制约着当地工业设计的发展。工业设计一方面受到地域性的限制；另一方面通过产品生产起到对地域文化进行整合的作用，

---

① 杨婷婷. 中国工业设计的文化元素研究 [D]. 长春：吉林大学，2008：7.

进而创造出巨大的产品附加价值。因为成功的产品设计不仅仅是在经济上获得利润，它更是一件艺术品，是一个企业、一个地域的文化标志。

工业设计的民族性特征构成了工业设计的独特民族风貌。工业设计的民族性是文化赋予它的固有特性。工业设计的民族性是基于民族生活的自然环境与社会环境形成的，这些环境包括生产方式、生活习性、地理环境、气候条件、风俗习惯、民族性格、宗教信仰和艺术传统等。这些因素以直接或间接的方式或多或少地影响到各民族的产品设计，从而构成了绚丽多彩的民族产品的设计景观。欧美的工业文化比较注重以人为本，而日本比较重视成本控制。因此，在"二战"期间，美日两国在太平洋战争时，日本为了以量取胜，研制战机时最大限度地缩减成本，甚至研制了一次性的自杀式战机。而美国在设计时更多地会考虑飞行员的安全问题。以飞机油箱为例，美国特意将其设计成两层结构，一层金属，一层皮质，用来防止高射炮和机枪的子弹在油箱位置爆破，点燃油箱。而日本在设计时，却故意将油箱铁皮做薄，以至于最后日军战机损失惨重，飞行员的生还率非常低。工业设计的民族性并不是一成不变的东西，不同的民族长期交往，其工业设计文化也可以相互影响和渗透、互相借鉴和模仿，在民族融合的基础上更为广泛地体现出工业设计文化的融贯性、丰富性、多样性和创造性。

工业设计是一个不断变异的过程，它不但在历史发展中纵向的变化，而且在同一时代背景下，受到某种流行元素的影响进行着横向的变动，这种变化可能成为社会上工业设计的主导潮流，从而形成特殊的工业设计风潮。工业设计所设计出的产品的造型、色彩、功能以及产品的整个风格在一个时期会出现迅速传播并盛行一时的现象，这种现象可谓工业设计的流行性。在工业设计发展史上，关于工业设计流行的记载和描写是十分丰富的。例如，日本索尼公司的产品设计，长期以来一直引领时尚流行的趋势，其设计强调简洁大方、注重产品的功能性和美观性，产品受到了东西方国家的共同接纳。

各民族、各地区之间的工业设计有着不同的特质，体现了不同的工业设计类型。随着民族的交往和地域之间的交流融合，工业设计也随之进行着互动和交流。通过工业设计文化的传播，工业设计彼此发生着互动，彼此取长补短、相互促进融合，由冲突向整合发展，出现了你中有我、我中有你的互补特征。这种特征反映了在一定的历史时期内民族间、区域间工业设计产品风格的融合、发展的关系，可谓工业设计发展的交流性展示了工业设计发展的趋同特征。"工业设计作为人类的共同文化现象，它在满足人们日常生活需要方面具有共同的特征，它在反映某些观念、思想方面，也具有人类共有的特征。这些共性便成为各民族工业设计文化交流的共同基础，使工业设计交流成为可能"①。纵观工业设计的发展历史，其中不乏各民族、各地区之间不同风格的工业设计产品交流融合、共同发展的生动例子。作为经党中央、国务院批准在京举办的国家级大型年度文化活动项目和国际 A 类创意设计活动，"北京国际设计周"自 2009 年首届创办起，至 2016 年共举办了七届，已成为亚洲规模最大的设计周和首都具有国际影响力、可持续发展的创意设计公共服务平台。工业设计要从本民族、本地域的实际情况出发，尊重历史，体现民族文化，并在此基础上不断创新。这种创新的动力源于对历史文化的挖掘与研究，对本民族价值观念、思维方式、风俗习惯的重视和理解。因此，工业设计绝不是抄袭和模仿，而是通过提炼、归纳、重新阐释，然后运用到设计中。只有深刻了解历史，吸取其精华，才能搞清本民族的价值观念、思维方式、审美情趣，才能应用好历史，体现民族的传统文

① 杨婷婷. 中国工业设计的文化元素研究［D］. 长春：吉林大学，2008：12.

化，更好地体现工业设计的创新精神。

工业设计在工业活动中侧重于人与物之间的关系，通过工业设计使产品更好地满足人们的需要，实现产品造型、功能、结构和材料的协调统一，进而发挥文化审美的作用。在实现这一目的的同时，通过实现技术创新和工业设计创新，还能提高企业的经济效益，增强企业的竞争能力。工业设计在为人们提供更多标准化、系列化产品的同时，满足了人们对产品自身形体美以及与环境协调美的要求，美化了人们的生活。产业因工业设计而更具活力，世界因工业设计而更加美好。近年来，中国设计企业加快成长、设计产业加速聚集、创新设计成果不断涌现，为经济社会的发展做出了积极贡献。今后时期，创新、协调、绿色、开放、共享的发展理念，是我国工业设计发展的基础，不断促进制造业转型升级、增强核心竞争力，以提高设计创新能力为主线，大力优化工业设计发展环境，着力推动与相关产业深度融合发展，加快推动设计产业向高端综合设计服务转变，实现为制造强国建设提供更加有力支撑的目标。

在工业文化产业中，同样重视设计的还有工艺美术产业。工艺美术与工业设计都认为，现代设计产生于工业化生产带来的社会分工，工业化生产使原本融合在手工艺生产中的设计、制造、销售等环节分离出来，从而产生现代设计。工艺美术与工业设计都强调现代设计观念，都将推动设计发展作为自己的责任，并都坚信设计对生活、社会、文化的重要意义。

工艺美术是指以美术技巧制成有实用价值和欣赏价值的工艺品，它重视物质生产与美的创造相结合，以实用为主要目的，并具有审美特性。工艺美术伴随着人类起源而产生，从人类制造第一件工具开始，工艺美术就诞生了。由于世界各地的地域原因和文化差异，人们对工艺美术有不同的理解和认识，工艺美术由劳动人民手工创造的过程，已经发展成为一种产业。作为工业文化产业，工艺美术既有文化属性，又有经济属性；既是艺术形态，也是生产形态。工艺美术产业逐渐发展成为具有较高文化价值、经济价值、社会价值和市场价值的新兴产业。

设计活动的结果是创造了器物，前文在探讨工业文化体系时已经提到，工业文化有工业器物文化、工业制度文化、工业精神文化三个不同的层次，工艺美术产业以器物的创造为体现形式，应当属于工业器物文化层次。同时，工艺美术产业以工业产品所体现出的审美趋向、伦理道德、价值观念等内容为关注的重点，以器物的形态反映工业文化的精神内容。也就是说，这种"人造物"的体现形式指向的是精神层次的工业文化。对工艺美术来说，"造物"首先是对文化的反映，然后才是对文化的改造。人造物对应了文化的器物层次，同时它也反映出了器物层次之上的制度、精神等文化内容。文化的改变必然引发"人造物"的改变，通过"人造物"的改变来进行文化的改造则是缓慢的过程。以造物形式体现出工艺美术的深层文化内涵，重视历史、重视传统、重视民间、重视艺术。工艺美术就是用艺术的方式对物的文化内涵进行阐释与改造的过程。工艺美术在发展的过程中始终没有离开传统文化的土壤，使传统文化构成了真正有地域特色、民族特色的文化内涵。

"工业化生产的分工形式，造成了工业活动中技术因素与艺术因素的分离。早期的机器产品因为在制造中只有技术因素和机器的参与，而显得缺少美感、缺少艺术因素、缺少设计的力量，因此设计的作用就是在技术因素中重新加入艺术因素，实现技术与艺术的新统一"①。因此，工艺美术产业是艺术在现代的一种新形式，它将技术与艺术、感性与理性、功能与形式、实用与审美等各种因素综合在一

---

① 金银. 20 世纪 80 年代之后中国设计艺术理论发展研究 [D]. 武汉：武汉理工大学，2007：95.

起，进行文化的整合，完善产品的诸多功能，获得多方面的综合效益。

　　早在新石器时代，中国就在手工产品制造中体现出了很强的实用性和艺术性。随着历史的变迁，文化技术水平的发展，审美观念的转变，中国工艺美术以造型各异的工艺造物样式，彰显着中华民族的文化精神和审美意识。在工业时代，中国的工艺美术在研究上重视传统、重视民间，以精美的手工艺产品体现了对于大众生活的关注。同时，工艺美术对中国的发展起到了美化工业产品外观、促进现代工业生产的作用。手工时代的设计与工业时代的设计是相通的，其核心内容是为大众服务、为生活服务。自然的造物观和人性的造物手段是工艺美术的传统中存在已久的内容，中国的工艺美术承担着一定的社会责任，工艺美术工作者们一直有着艺术要用来改善人们生活的理想。工艺美术是艺术与技术的结合，不论是现代技术还是手工艺技术都只是设计的表面形式，其内在的目标是用艺术塑造有价值的生活与劳动。因此，工艺美术这个概念虽然是来自国外，但其内在精髓却是从中国古代、中国民间走来的。工艺美术甚至将工业设计作为工艺美术的当代新形式，将工业设计纳入自己的体系。这一举动是对工业文化立足于本土、立足于传统、立足于生活的一种肯定，以技术、工艺的表现手段，体现艺术的存在。中国工艺美术既从属于民生产业和传统产业的范畴，又具备创意产业和朝阳产业的属性，体现出立足传统、与时俱进的发展规律。工艺美术行业发展出现了诸多的现实问题，亟待解决。为此，工业和信息化部工业文化发展中心于2015年组建了国家工艺美术产业公共服务平台。通过工艺美术产业公共服务平台，推动国家工艺美术业经济增长方式的根本转变，带动整个工艺美术行业的发展。2016年，我国工业和信息化部、财政部联合发布了《关于推进工业文化发展的指导意见》（以下简称《意见》），在《意见》中工艺美术首次被列入了工业文化产业，并

"加强对传统工艺美术品种、技艺的保护与传承，推出一批工艺美术珍品。积极引导企业运用新技术、新工艺、新材料、新设计，创新发展工艺美术产业。培育一批示范性创新创业工艺美术特色区域和大师工作室，打造工艺美术特色区域品牌"，作为工艺美术产业发展的主要任务。工业设计和工艺美术产业对工业文化的发展具有重要意义。

小　结

工业遗产和工业旅游，是工业文化产业的重要组成部分，国家、省市区级的工业遗产项目陆续评选产生，人们对工业遗产和工业旅游的谈论也日渐成熟和理性。工业文化产业发展，既需要企业的支持，通过弘扬工匠精神、践行创新精神、倡导诚信精神、培育企业家精神来发扬中国工业精神，也需要具有创新型设计能力的人才，诠释中国当代精益求精的工匠精神。目前，全球已有二十多个国家将推进工业设计产业化发展纳入国家战略，视其为占据国际制造分工链条上游高附加值区域、提升国家软实力的重要手段。中国也将工业设计作为精益求精工匠精神的重要组成部分，在促进产品差异化、推进技术市场化、提升产业附加值、优化和再造产业体系等方面发挥着重要作用。

参考文献

著作

［1］王正林. 工业文化纵论［M］. 合肥：安徽工业出版社，2006.

［2］刘光明. 工业文化［M］. 北京：经济管理出版社，2015.

［3］王新哲，孙星，罗民. 工业文化［M］. 北京：电子工业出版社，2016.

［4］严鹏. 富强求索——工业文化与中国复兴［M］. 北京：电子工业出版社，2016.

［5］骆高远. 寻访我国"国保"级工业文化遗产［M］. 杭州：浙江工商大学出版社，2013.

［6］李炯华. 工业旅游理论与实践［M］. 北京：光明日报出版社，2010.

［7］吴良镛. 人居环境科学导论［M］. 北京：中国建筑工业出版社，2001.

［8］刘伯英，冯钟平. 城市工业用地更新与工业遗产保护［M］. 北京：中国建筑工业出版社，2009.

［9］刘抚英. 后工业景观设计［M］. 上海：同济大学出版

社，2013.

[10] 刘抚英. 中国矿业城市工业废弃地协同再生对策研究 [M]. 南京：东南大学出版社，2009.

[11] 单霁翔. 文化遗产保护与城市文化建设 [M]. 北京：中国建筑工业出版社，2009.

[12] 陆地. 建筑的生与死——历史性建筑再利用研究 [M]. 南京：东南大学出版社，2004.

[13] 张松. 历史城市保护学导论——文化遗产和历史环境保护的一种整体性方法 [M]. 上海：上海科学技术出版社，2001.

[14] 常青. 建筑遗产的生存策略——保护与利用设计实验 [M]. 上海：同济大学出版社，2003.

[15] 中共吉林省委党史研究室编. "一五"期间吉林省国家重点工程建设 [M]. 吉林：东北师范大学出版社，1995.

[16] 单霁翔. 留住城市文化的"根"与"魂"——中国文化遗产保护的探索与实践 [M]. 北京：科学出版社，2010.

[17] 陈夕. 中国共产党与三线建设 [M]. 北京：中共党史出版社，2014.

[18] 陈序经. 文化学概观 [M]. 长沙：岳麓书社，2010.

[19] 金碚. 新编工业经济学 [M]. 北京：经济管理出版社，2005.

[20] 陈振中. 先秦手工业史 [M]. 福州：福建人民出版社，2009.

[21] 中国硅酸盐学会. 中国陶瓷史 [M]. 北京：文物出版社，1982.

[22] 樊百川. 清季的洋务新政 [M]. 上海：上海书店出版社，2009.

[23] 夏东元. 洋务运动史 [M]. 上海：华东师范大学出版

社，2010.

[24] 本杰明·艾尔曼. 中国近代科学的文化史 [M]. 上海：上海古籍出版社，2009.

[25] 林庆元. 福建船政局史稿 [M]. 福州：福建人民出版社，1999.

[26] 章开沅. 开拓者的足迹——张謇传稿 [M]. 北京：中华书局，1986.

[27] 许涤新，吴承明. 中国资本主义发展史 [M]. 北京：人民出版社，2005.

[28] 汪敬虞. 中国近代经济史（1895—1927）[M]. 北京：人民出版社，2012.

[29] 方显廷. 中国之棉纺织业 [M]. 北京：商务印书馆，2011.

[30] 刘克祥，吴太昌. 中国近代经济史（1927—1937）[M]. 北京：人民出版社，2012.

[31] 马丁·威纳. 英国文化与工业精神的衰落：1850—1980 [M]. 北京：北京大学出版社，2013.

[32] 严鹏. 战略性工业化的曲折展开：中国机械工业的演化（1900—1957）[M]. 上海：上海人民出版社，2015.

[33] 关云平. 中国汽车工业的早期发展（1920—1978）[M]. 上海：上海人民出版社，2015.

期刊

[1] 董显辉. 职业文化的内涵解读 [J]. 职教通讯，2011（15）.

[2] 魏新龙. 历史进程中的工业文化 [J]. 浙江传媒学院学报，2007（1）.

［3］赵晓荣．人类学视野下的工业文化遗产保护和传承［J］．天津社会科学，2010（5）.

［4］宋晶．将"绿色"工业文化融入现代职业教育的思考［J］．职教论坛，2013（6）.

［5］黄海峰．论工业文化自信及其建构［J］．理论观察，2016（6）.

［6］王建国，戎俊强．城市产业类历史建筑及地段的改造再利用［J］．世界建筑，2001（6）.

［7］俞孔坚，方琬丽．中国工业遗产初探［J］．建筑学报，2006（8）：12－13.

［8］俞孔坚．关于中国工业遗产保护的建议［J］．景观设计，2006（4）.

［9］刘伯英．城市工业地段更新的实施类型［J］．建筑学报，2006（8）.

［10］刘伯英，李匡．首钢工业区工业遗产资源保护与再利用研究［J］．建筑创作，2006（9）.

［11］李雪梅．北京798——从军工厂到艺术区［J］．中国国家地理，2006（6）.

［12］陆俊．论我国工业遗产保护与利用［J］．四川建筑，2009（10）.

［13］刘伯英，李匡．北京工业遗产评价办法初探［J］．建筑学报，2008（12）.

［14］孙清岩．我国创意产业园发展模式及策略研究——以深圳为例［J］．经济师，2014（10）：37－39.

［15］赵立志，张曦沐．转型期旧工业建筑及其地段的保护性改造［J］．建筑科学，2008.

［16］青木信夫，徐苏斌，张蕾．英国工业遗产的评价认定标准

［J］. 工业建筑，2014（9）：33－36.

［17］俞孔坚，庞伟. 理解设计：中山岐江公园工业旧址再利用［J］. 建筑学报，2002（8）：47－52.

［18］章熙军，汪永平. 南京工业遗产调查与保护研究［J］. 江苏建筑，2008（6）：14－16.

［19］展二鹏. 对城市化快速发展阶段工业遗产问题的认识——机遇、问题与对策：以青岛市旧城区老工业改造为例［J］. 城市规划，2010（34）：48－52.

［20］程萍. 城市现代化建设中的工业文化遗产保护与合理利用［J］. 理论与现代化，2010（6）：17－20.

［21］段正励，刘抚英. 杭州市工业遗产综合信息数据库构建研究［J］. 建筑学报，2013（10）：45－48.

［22］生奇志，窦邃. 我国辽宁地区工业文化源地发展策略研究［J］. 科技管理研究，2014（11）：110－112.

［23］韩福文，佟玉权，张丽. 东北地区工业遗产旅游价值评价——以大连市近现代工业遗产为例［J］. 城市发展研究，2014（17）：114－119.

［24］李欢欢. 上海市长兴岛的工业文化旅游资源调查与研究［J］. 江苏商论，2015（35）：58－60.

［25］邱瑛. 辽宁工业文化旅游可持续发展研究［J］. 产业与科技论坛，2014（13）：35－37.

［26］陈霞. 工业文化资源开发利用的基本途径——以江苏工业文化资源开发为例［J］. 天津职业大学学报，2012（21）：14－30.

［27］余祖光. 培养具备工业文化素养的劳动者［J］. 中国教育报，2011（10）：1.

［28］申素英. 高职院校学生工业文化素养的现状与对策［J］. 黑龙江高教研究，2012（9）：77－79.

［29］赵学通．高职院校文化使命：工业文化的传承与创新［J］．中国高教研究，2013（9）：103－106．

［30］袁正．工业文化及其传承困境——从沈阳市铁西区整体改造中的土地利用与工业文化传承谈起［J］．理论界，2012（39）：80－83．

［31］鹿磊，韩福文．试论吉林工业遗产保护与旅游利用［J］．改革与战略，2011（26）：132－134．

［32］刘菁婉，韩瑞丽．工业遗产旅游资源开发融资路径选择——以安徽省淮南市煤矿工业遗产旅游资源开发与利用为例［J］．山东农业工程学院学报，2016（33）：134－147．

［33］严鹏．国家战略主导的工业化：中国装备工业早期历史［J］．经济导刊，2015（10）．

［34］彭南生．论近代手工业与民族机器工业的互补关系［J］．中国经济史研究，1999（2）．

［35］贾根良．我国新型工业化道路主导产业的选择与战略意义［J］．江西社会科学，2015（7）．

［36］黄阳华．德国"工业4.0"计划及其对我国产业创新的启示［J］．经济社会体制比较，2015（2）．

［37］孙喜．告别"跟随模式"——中国工业升级的自主道路［J］．文化纵横，2015（5）．

报纸

［1］单霁翔．关注新型文化遗产——工业遗产的保护［N］．北京：中国文物报，2006．

［2］张松．产业遗产：都市新话题——工业老建筑的保护与利用［N］．文汇报，2000．5．

［3］张松．发掘工业厂房新价值、维系都市文化多样性——近

代上海产业建筑的保护与再利用［N］．上海画报，2001.7.

学位论文

［1］张倩．大连产业建筑遗产再利用研究［D］．大连：大连理工大学，2010.

［2］黄颖哲．德国工业建筑遗产保护与更新研究［D］．长沙：长沙理工大学，2008.

［3］刘晓黎．历史性建筑的保护、更新与再利用［D］．北京：清华大学，1991.

［4］祝贺．工业遗产保护再利用与城市空间一体化［D］．南京：南京大学，2012.

［5］庄简狄．旧工业建筑再利用若干问题研究［D］．北京：清华大学建筑学院，2004.

［6］张洁．济南近现代工业建筑遗产再利用研究［D］．济南：山东建筑大学，2012.

［7］寇怀云．工业遗产技术价值保护研究［D］．上海：复旦大学，2007.

［8］朱新月．山西工业遗产的保护与再利用——以山西晋华纺织厂旧厂区保护与再利用为例［D］．太原：太原理工大学，2012.

［9］许东风．重庆工业遗产保护利用与城市振兴［D］．重庆：重庆大学，2012：72－73.

［10］陈晓连．广州市工业遗产保护与利用机制研究［D］．广州：暨南大学，2009：50－52.

［11］朱强．京杭大运河江南段工业遗产廊道构建［D］．北京：北京大学，2007：132－133.

［12］周腾．工业遗产的整体性保护与利用——以太原市工业遗产为例［D］．西安：西安建筑科技大学，2012：43－44.

　　[13] 夏寅飞．长春市工业遗产的形态特征与保护对策研究 [D]．长春：吉林建筑大学，2011：6-9．

　　[14] 陆小华．广州工业遗产保护与再利用 [D]．广州：华南理工大学，2010．

　　[15] 刘庆．青岛地区物质文化遗产保护与利用研究 [D]．济南：山东大学，2010．

　　[16] 王雪．城市工业遗产研究 [D]．大连：辽宁师范大学，2009．

　　[17] 张毅杉．基于整体观的城市工业遗产保护与再利用研究 [D]．苏州：苏州科技学院，2008．

　　[18] 王芳．城市特色文化视域下工业遗产旅游开发研究——以无锡市为例 [D]．沈阳：沈阳师范大学，2013．

　　[19] 张宇．工业遗产保护视域下的城市文化创意产业整合与优化 [D]．大连：大连海事大学，2015．

　　[20] 陈杰杰．重庆的工业遗产及工业博物馆展品征集研究 [D]．重庆：重庆师范大学，2014．

　　[21] 韩楠．吉林省工业遗产保护与利用研究 [D]．长春：东北师范大学，2014．